70 délicieuses recettes

wok

70 délicieuses recettes

wok

modus vivendi

© 2004 Quantum Publishing Ltd.
Titre original : Stir Fry Cooking

Les Publications Modus Vivendi inc.
5150, boul. Saint-Laurent 1er étage
Montréal (Québec)
Canada
H2T 1R8

Dépôt légal : 3e trimestre 2004
Bibliothèque nationale du Québec
Bibliothèque nationale du Canada

ISBN : 2-89523-287-3

SOMMAIRE

PRÉFACE

Frire et tourner dans une poêle et plus particulièrement dans un wok, est un mode de cuisson qui revient souvent dans la cuisine asiatique ou quand on parle d'une cuisine saine. Très répandue dans toute l'Asie, cette cuisine emploie peu de corps gras, ce qui est recommandé par tous les diététiciens. Quoi qu'il en soit, je voudrais vous montrer dans les pages qui vont suivre que la cuisine au wok, en termes d'exotisme ou d'ordinaire, de richesse ou de sobriété, de recherche ou de simplicité, n'est jamais que ce que l'on y met.

La cuisine asiatique a développé une forme de cuisson et de mélange de mets, dominée par le wok. Mais en respectant quelques principes simples, il vous sera possible d'appliquer cette méthode à une foule d'autres plats de toute origine. Les débutants trouveront aussi des conseils pour le choix du matériel et pourront même improviser. Les conseils porteront également sur les différents condiments

et des ingrédients, ainsi que sur l'ordre à respecter dans la préparation pour avoir de meilleurs résultats.

Une fois familiarisés avec les règles fondamentales, après avoir lu les premières pages, nous sommes persuadés que les recettes de ce livre viendront compléter la panoplie de vos talents culinaires et qu'elles seront l'occasion d'expérimenter d'autres idées de composition.

Profitez de la diversité des ingrédients, venus du monde entier, qui nous sont aujourd'hui offerts dans les magasins, qu'il s'agisse de fruits, de légumes, de condiments aux senteurs d'aventure ou de conserves. En considérant votre wok comme l'instrument privilégié d'une cuisine moderne et saine de tous les jours, vous verrez qu'il vous permet aussi de préparer en quelques minutes un menu de grande classe qui surprendra vos hôtes. Peu à peu, il risque même de devenir l'instrument vedette sur lequel vous exercerez vos talents. Alors, à votre wok et bon appétit!

■ Matériel - les outils les plus importants pour la préparation et la cuisine

L'instrument majeur est évidemment la poêle, son principal atout étant sa taille. Une bonne poêle doit être à même de recevoir une assez grande quantité d'ingrédients, tout en offrant encore assez de place pour les tourner et retourner convenablement. Les recettes que nous proposons ne comportent aucune indication de taille ou de type de poêle. Si vous n'avez encore jamais cuisiné de cette façon, nous vous conseillons de lire le petit texte suivant avant de vous lancer.

■ Le wok

Le wok est l'instrument qui convient le mieux à la plupart des formes de la cuisine "revenue à la poêle". Dans le commerce, on trouvera plusieurs types et tailles de wok, depuis l'instrument classique en fer jusqu'aux woks électriques.

WOK EN FER OU ACIER

Le wok traditionnel est en tôle fine d'acier ou de fer, sans aucun revêtement. Il a la forme d'une demi-sphère et possède soit deux anses, soit un long manche en bois, permettant de le soulever du feu, de le déplacer ou de faire sauter son contenu. On fait tourner les ingrédients dans le wok au moyen d'une spatule, d'une écumoire ou d'une sorte d'épuisette. Cette poêle sphérique se pose très bien sur les supports du foyer apparent d'un restaurant chinois. Mais chez soi, il est préférable de mettre un anneau de fer, qui servira de support, au-dessus de la flamme de la cuisinière ou d'une plaque électrique. Sur certaines cuisinières, le wok peut se poser sur la grille de cuisson sans anneau. Le wok traditionnel transmet bien la chaleur, offre une grande surface de contact pour cuire les aliments et réagit très vite à un changement de température. Par contre, ce genre de wok doit être régulièrement utilisé et huilé pour ne pas rouiller. Avant d'utiliser un wok neuf pour la première fois, il faut le laver à l'eau bouillante avec un peu de détergent pour éliminer un reste éventuel de revêtement protecteur. Ensuite, il faut le frotter avec un peu d'huile, puis chauffer à feu vif jusqu'à ce que l'huile fume, mais sans brûler. Puis, on l'essuiera avec un papier absorbant. Il faut huiler aussi l'extérieur et la partie métallique du manche quand il y en a un. Après chaque utilisation, essuyer le wok avec du papier absorbant et le frotter avec un peu d'huile.

Il existe deux types de wok, l'un à deux anses, l'autre avec un long manche de bois. Un pinceau en bambou est utile pour huiler un wok et les écumoires facilitent beaucoup la préparation de certains plats.

En fonction des mets préparés, il existe deux manières de nettoyer un wok, la plus simple étant du sel et un peu d'huile que vous faites chauffer. Avec le papier absorbant et le sel, vous enlevez les restes de nourriture. Après avoir éliminé le sel et l'huile sale, passez un peu d'huile fraîche, faites chauffer et nettoyez une dernière fois au papier. Cette méthode de nettoyage à l'huile et au sel est la plus courante pour les plats préparés avec de l'huile.

Si les aliments ont laissé un peu de rôti ou de sauce, il faudra laver le wok à l'eau bouillante, puis le préparer à nouveau, comme indiqué précédemment.

Un wok en fer ou en acier se range très facilement. Une fois frotté à l'huile, on le met dans un sac en plastique fermé par un élastique sur le manche.

Personnellement, j'utilise un wok traditionnel en fer pour des mets asiatiques et des préparations à base de légumes comportant peu de viande et de céréales, mais il ne convient pas à la cuisson des fruits.

WOKS EN INOX ET EN REVÊTEMENT ANTIADHÉSIF

Ces woks sont plus faciles à entretenir qu'un wok en fer ou en acier : on peut les laver à l'eau chaude, les sécher et les conserver selon les indications du fabricant.

La qualité de ces woks varie beaucoup. D'une manière générale, ils ne réagissent pas aussi vite qu'un wok en fer aux changements de température. Contrairement au wok acheté dans un magasin asiatique, le moins onéreux est ici le meilleur, le prix bas pour un wok en inox est souvent synonyme de qualité.

Veillez aussi à la taille ! Les woks en acier inoxydable sont plus petits que les woks traditionnels et présentent un fond aplati, de sorte qu'ils ressemblent beaucoup plus à une poêle qu'à un wok. Un wok pas très haut, à fond plat, n'est pas nécessairement le bon choix. Il vaut mieux lui préférer une bonne grande poêle ordinaire à bords assez relevés, d'un diamètre important. Avant d'acheter un tel instrument, lisez attentivement le mode d'emploi. Certaines poêles à revêtement antiadhésif (par exemple en Téflon) ne conviennent pas aux cuissons à haute température, donc à la friture asiatique.

Les woks à revêtement bas de gamme s'usent relativement vite lorsqu'on les soumet souvent à des températures élevées et que l'on cuit des aliments en tournant sans arrêt, même si l'on utilise de bonnes spatules.

WOKS ÉLECTRIQUES

Je n'ai guère l'expérience de ces appareils, mais j'ai été agréablement surprise des résultats lors d'un test. Le wok réagissait au changement de température de façon plus sensible que je ne l'aurais cru et convenait bien à des quantités importantes de nourriture. Un outil de ce genre peut être posé sur n'importe quelle surface de travail (une vision d'horreur pour les puristes), ce qui est tout de même un avantage dans beaucoup de cuisines. Veillez toutefois à bien respecter les consignes du fabricant pour le nettoyage et l'utilisation.

■ Poêles, poêlons et casseroles

Pour mitonner des aliments dans une poêle, il n'est pas indispensable d'avoir un wok. Les poêles à frire profondes, les poêlons et les grandes casseroles peuvent faire l'affaire. On choisira de préférence une poêle à bords relevés dans laquelle on retournera facilement les aliments. Quant aux poêlons, ils devront avoir au moins 5 cm de haut et pouvoir être fermés avec un couvercle. Les grandes casseroles conviennent parce que leur profondeur empêche les ingrédients de tomber quand on les tourne.

Une sauteuse, comme son nom l'indique, est une sorte de poêle à bords hauts et droits qui convient aussi à la préparation des aliments à l'asiatique : la méthode consistant à rissoler des aliments en les "sautant" est très proche de la cuisine au wok. Dans les deux cas, on opère à feu vif (un peu moins avec la sauteuse). On peut également utiliser une lourde poêle en fonte dont le revêtement du fond est spécialement traité, la différence est qu'il faut chauffer ces poêles plus lentement et les maintenir à une température moyenne. Au cas où le fabricant signale que sa poêle ne doit pas être chauffée à sec, on pourra toujours y mettre un peu d'huile ou de graisse. Bien chauffée, une poêle de ce type sert à cuisiner à l'asiatique. Toutefois, elle ne peut atteindre les températures très élevées et elle réagit plus lentement aux changements de chaleur. Par contre, ces poêles conviennent à la préparation de fruits cuits ou d'autres ingrédients n'exigeant pas une très haute température.

UN BON WOK

■ La matière de base et le revêtement doivent supporter une forte chaleur.

■ Il doit offrir suffisamment de place pour cuisiner et repousser sur le côté les ingrédients déjà cuits.

■ Ses côtés doivent être hauts, afin que les aliments ne tombent pas à l'extérieur quand on les retourne.

■ Un long manche isole de la chaleur.

■ Il est parfois bon de disposer d'un couvercle adapté pour laisser mijoter au chaud les aliments déjà frits. Pour le wok, il vaut mieux utiliser un couvercle bombé en acier inoxydable, car l'acier normal rouille.

UNE BONNE POÊLE

Même si le wok demeure l'outil idéal de la cuisine asiatique, un peu d'improvisation fait tout le charme de la cuisine. Si vous possédez une poêle grande et profonde qui supporte les hautes températures et peut recevoir une grande quantité d'aliments, faites un essai !

■ Préparation et matériel de cuisine

La préparation des aliments est aussi importante que la cuisson et exige d'avoir en tout cas des couteaux bien affûtés.

PLANCHES

Utilisez de préférence une grande planche à découper pouvant être brossée à l'eau chaude. Pour l'hygiène alimentaire, n'oubliez pas qu'une planche en bois absorbe l'humidité et que les entailles dans lesquelles se logent les restes de nourriture favorisent le développement des bactéries. Si vous possédez une planche en bois, il faudra la nettoyer à l'eau bouillante avec un produit ménager désinfectant. Une planche en bois doit être nettoyée, lavée et séchée.

Les planches à découper en plastique n'absorbent pas l'humidité, ce qui les rend plus hygiéniques, mais elles doivent aussi être soigneusement lavées et séchées après chaque utilisation.

COUTEAUX

Il est indispensable de posséder un bon couteau. Je vous recommande l'utilisation d'un couteau de cuisine de taille moyenne ou assez grande, possédant une lame solide et bien affûtée. N'achetez jamais un couteau d'après son aspect ou par une publicité. Avant de se décider à acheter un bon couteau, il faut en essayer plusieurs et choisir celui qui convient le mieux à votre main. Les manches en bois sont plus beaux, mais ils demandent davantage de soins et ne résistent pas toujours au lave-vaisselle, ni à un trempage prolongé dans de l'eau trop chaude. En outre, les manches en bois doivent être huilés de temps à autre. Quel que soit votre choix, il faut que la lame soit fixée au manche par des rivets.

Pour aiguiser vos couteaux, vous devez avoir un fusil de qualité, de préférence avec une protection pour la main, au cas où la lame glisserait. Certains magasins asiatiques ou quincailliers vendent des pierres à aiguiser. Choisissez un modèle à deux grains, l'un plus fin que l'autre. Le passage d'un couteau au fusil améliore le tranchant, mais de manière limitée dans le temps ; le passage à la meule (plate ou tournante) est la seule façon d'aiguiser un couteau correctement et pour longtemps.

Rappelons qu'un couteau affûté facilite énormément le travail. Si les lames en acier au carbone s'affûtent très bien, elles ont l'inconvénient de rouiller vite, ce qui oblige à les sécher soigneusement. Comme elles s'oxydent rapidement au contact des jus de fruits ou d'acides de cuisson, il faut qu'elles soient toujours très propres, afin de ne pas donner un goût aux aliments.

Les lames en acier inoxydable de très bonne qualité se laissent bien affûter, alors que l'acier inoxydable bas de gamme tient très mal l'affûtage.

Lorsque l'on utilise un fusil, il ne faut jamais aiguiser le couteau de haut en bas, c'est-à-dire vers soi, mais l'inverse, ce qui évite déjà quelques risques.

L'affûtage au fusil consiste à frotter le tranchant du couteau contre une tige d'acier très dur dont la surface griffée mord le métal du couteau, qui est plus tendre. Avec un peu d'expérience, on parvient à faire un mouvement croisé assez rapide : une main tenant le couteau, l'autre le fusil.

L'affûtage à la meule demande un petit coup de main qu'il vaut mieux apprendre avec un expert.

INSTRUMENTS

Une grosse louche ou une spatule métallique sont d'excellents outils pour cuisiner au wok en fer ou en acier traditionnel, mais ils doivent avoir un manche solide. Si vous utilisez un wok à revêtement spécial, il faudra vous servir d'une spatule qui ne raye pas, en plastique ou protégée par un revêtement spécial. Il est enfin possible de se servir d'une écumoire ou d'une épuisette asiatique pour la cuisine.

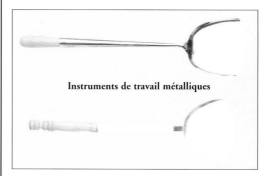

Instruments de travail métalliques

ACCESSOIRES NÉCESSAIRES

Avant de commencer à cuire, il faut préparer les ingrédients. Munissez-vous d'une série de récipients (coupelles, bols, ou autres) dans lesquels vous disposerez les ingrédients. Soucoupes et boîtes en plastique conviennent aussi, la taille des récipients dépend de la quantité d'aliments utilisés.

■ Le choix des ingrédients

La préparation rapide fait bien ressortir l'arôme de chacun des ingrédients, mais le choix de ces derniers demeure essentiel.

■ Poissons et fruits de mer

La plupart des poissons ou des fruits de mer cuisent à point en peu de temps et sont tout désignés pour être cuits au wok. Cependant, évitez les filets de poisson trop minces, qui ont tendance à s'effriter à la cuisson. Prenez plutôt des portions plus volumineuses de poissons blancs fermes, de crevettes, de coquilles Saint-Jacques, de moules, d'huîtres ou de calamars, tous compatibles avec ce type de cuisine.

Achetez du poisson bien frais et possédant une chair ferme et très blanche ; évitez tous les poissons qui ont une odeur forte. Le mieux est de faire confiance à votre poissonnier. Éventuellement, il pourra même vous conseiller.

■ Volailles

Toutes les volailles conviennent. Leur chair cuit vite et reste tendre. Les blancs ou filets sont des morceaux de choix.

■ Viandes

Les pièces tendres conseillées pour des grillades ou des sautés se prêtent très bien à la cuisine au wok. Évitez les viandes dures qui exigent une cuisson prolongée ou un passage préalable à la vapeur. En règle générale, le porc est tendre, mais certains morceaux demandent un peu de préparation. Il faut les découper avec soin et enlever la graisse. L'agneau est une bonne viande pour la cuisine au wok, surtout le gigot, ou le carré.

Parez la viande avant de la couper en tranches fines perpendiculairement à la fibre. Pour les plats où il faut faire des tranches très fines, il est préférable d'utiliser une viande encore un peu congelée.

■ Légumes

La plupart des légumes conviennent à la cuisine au wok ; il faut les tourner plus ou moins longtemps, selon le temps de cuisson qui leur est propre. Par exemple, les légumes raves ou les pommes de terre exigent une cuisson plus longue que les germes de soja. La manière de couper les légumes influe sur le temps de cuisson.

Utilisez des légumes bien frais et en parfait état, car des ingrédients de moindre qualité conviennent mal à la cuisine au wok. Choisissez des légumes fermes avec des feuilles craquantes. Rejetez tout ce qui est flétri, mou, écrasé, ou ridé, fripé ou flasque quand il s'agit de légumes racines. Jetez le chou ou les légumes verts dont la couleur est fanée. Le poivron, les aubergines, les tomates doivent être fermes et avoir une couleur lumineuse.

■ Céréales et légumes secs

Les céréales et les légumes secs éboulillantés peuvent être retravaillés au wok pour préparer d'excellents plats.

L'important est de ne pas les faire bouillir trop longtemps, afin qu'ils ne tournent pas en purée lorsqu'on les fait sauter au wok.

■ Fruits

À condition d'être fermes, les fruits se laissent bien travailler au wok, les moins fermes doivent être ajoutés en dernier. Là aussi, la qualité doit être excellente. Sauf lorsque la recette demande de faire macérer ou tremper les fruits avant, il faut les peler et les préparer juste au moment de la cuisson.

Les fruits secs et les fruits en boîte supportent le wok. Pour les fruits secs, il vaudra mieux choisir ceux qui peuvent être consommés immédiatement.

■ Huiles et corps gras

Le choix du corps gras revêt une grande importance, pas seulement à cause du goût, mais aussi pour la réussite de la préparation. Les corps gras ont tous des comportements différents à la chaleur, à cause de leur point de fusion, plus ou moins élevé.

Lorsqu'on fait chauffer une huile ou une graisse, la chaleur provoque certaines réactions chimiques susceptibles de modifier l'apparence et même le goût de cette matière grasse. Si vous ne savez pas encore comment réagit à chaud un corps gras, le plus simple est de faire chauffer quelques échantillons et d'observer exactement son comportement. Le beurre, par exemple, devient brun et brûle à des températures plus basses que certaines huiles, même si son point de fusion est plus élevé.

Clarifié, le beurre convient bien. On l'obtient en faisant fondre du beurre normal et en le chauffant à petit feu jusqu'à ce qu'un liquide blanc se dépose au fond du récipient et que le grésillement s'arrête. Ainsi, toutes les parties solides se sont déposées et le beurre a perdu toute son eau. Ensuite, on le filtre au travers d'une passoire munie d'un linge fin et on le laisse refroidir avant de conserver.

La margarine ne convient pas parce qu'elle ne supporte pas une température aussi élevée que le beurre. Il en va de même des margarines allégées et des corps gras de régime.

L'huile d'olive fume très vite, mais on peut l'utiliser pour cuire certains ingrédients et aromatiser les plats.

L'huile d'arachide supporte des températures plus élevées sans fumer. Elle convient donc très bien aux ingrédients qui doivent être frits rapidement et présenter une surface croquante et dorée.

Les huiles de tournesol ou de maïs et les huiles végétales en général ont l'avantage de ne pas fumer et supportent donc une cuisson prolongée d'aliments au wok, à température élevée.

L'huile de sésame et les huiles de noix (ou noisette) sont utilisées volontiers pour le goût, mais ne supportent pas les hautes températures. Comme ces huiles sont très parfumées, il sera préférable de les utiliser en petites quantités. Par exemple, on peut aromatiser, avec quelques gouttes de cette huile, des petites boulettes de viande ou des marinades. Parfois, on verse un peu d'huile de sésame dans l'huile d'arachide ou de tournesol.

■ Techniques de préparation

La cuisson au wok donne une cuisine légère et sans contrainte, mais son succès dépend surtout de la préparation efficace de tous les ingrédients. Quelques essais suffiront, et vous serez expert ou experte rapidement en cuisine au wok.

Laver, égoutter, sécher

Avant d'être découpés et cuits, tous les légumes doivent être très propres. Certains légumes, comme le poireau, sont plus faciles à nettoyer une fois qu'ils sont coupés. Égouttez la plupart des légumes dans une passoire, plus ou moins fine selon les besoins, et séchez-les en les tapotant dans du papier absorbant avant de cuire, pour éviter les projections d'huile brûlante.

Préparation et techniques de coupe

La cuisine au wok demande une cuisson très rapide. Il faut donc que tous les ingrédients soient coupés avant, ce qui assure la régularité de la cuisson. La taille des morceaux dépend à la fois de la consistance, du temps de cuisson de l'aliment et de l'aspect que doit avoir le plat terminé. Nous expliquerons pour chaque recette les techniques de préparation.

TRANCHES

Elles sont fines ou épaisses, en fonction de la durée de cuisson et de la consistance. Dans tous les cas, faites des tranches régulières.

Tranches

TRANCHES EN BIAIS

Par exemple, il est préférable de couper en diagonale les oignons nouveaux ou les branches de céleri et de continuer en suivant le même angle et en respectant une certaine régularité dans l'épaisseur.

BÂTONNETS OU CRAYONS

On coupe d'abord les aliments en tranches d'une certaine épaisseur et on les recoupe ensuite sous forme de bâtonnets ou de crayons. Concombres et courgettes se coupent en longues baguettes, que l'on recoupe en trois ou quatre bâtonnets.

Tranches en biais

BÂTONNETS FINS

Un peu plus fins que les crayons ou bâtonnets ordinaires, mais pas encore allumettes, ils ont une section de 5 mm environ.

ALLUMETTES

Comme leur nom l'indique, ces bâtonnets ont la finesse des allumettes ou des pommes paille. Elles cuisent très vite et conviennent bien à la décoration des plats. On peut ainsi décorer à la japonaise de petites quantités d'aliments.

LANIÈRES

Pour les légumes, on dit aussi coupés en julienne. Cette technique peut s'appliquer au chou. On coupe des tranches fines, que l'on recoupe ensuite pour obtenir des lanières de 2 ou 3 cm de long.

RÂPER

On utilise le côté le plus gros de la râpe et on jette le morceau de légume trop petit pour être râpé.

HACHER

On coupe d'abord en tranches ou en bâtonnets fins, puis on recoupe en petits dés. Les oignons sont coupés en

Coupe fine

On coupe d'abord en tranches ou en bâtonnets fins, puis on recoupe en petits dés.

deux, ensuite en tranches que l'on recoupe à angle droit pour obtenir des petits cubes. Les aliments hachés grossièrement donnent des cubes assez irréguliers. Quand il faut hacher des herbes, on utilisera de préférence un long couteau bien affûté ou hachoir électrique.

BRUNOISE
Les ingrédients sont taillés de telle manière que l'on obtient de minuscules cubes réguliers de 5 mm environ.

GROS CUBES
Les aliments sont coupés en cubes réguliers de 1 à 2,5 cm.

■ Tremper ou mariner
Le trempage simple dans de l'eau sert à ramollir des fruits ou des légumes secs. La marinade contient un certain nombre d'ingrédients parfumés qui donne un goût particulier aux aliments, et sert à les attendrir. On marine la viande pour modifier sa structure. Une marinade regroupe plusieurs produits : herbes et aromates, condiments, fruits, vinaigre, vin, eau. Les aliments peuvent séjourner dans la marinade entre 30 minutes et 3 jours, selon le produit et la recette.

Pour une marinade prolongée, il faut que les aliments soient particulièrement frais, surtout pour la viande ou le poisson. Le récipient où marinent les aliments sera toujours fermé et entreposé au frais ; le meilleur endroit est bien sûr le réfrigérateur. En cours d'opération, il faut retourner régulièrement les aliments pour qu'ils s'imprègnent complètement de marinade.

■ Les techniques de cuisson au wok
Avant la cuisson proprement dite, il faut que tous les aliments soient préparés et à portée de main. Veillez à ce que vos invités soient déjà à table, car beaucoup de préparations au wok doivent être consommées immédiatement.

Faites chauffer l'huile et mettez d'abord dans le wok les aliments qui ont le temps de cuisson le plus long. Dès qu'ils sont partiellement cuits, ajoutez progressivement les autres ingrédients. Ainsi se mélangent peu à peu dans le wok tous les éléments de votre menu, qui sont tous cuits à point en même temps. Dans certains cas, il est possible de mélanger de nouveaux produits avec ceux qui sont déjà dans la poêle. Dans d'autres cas, il faudra mettre de côté les premiers aliments et faire cuire rapidement les seconds tout en les mélangeant.

LE BON MOMENT
Dans la cuisson d'aliments à la poêle ou au wok, il est difficile de fixer rigoureusement un ordre et une durée. On risquerait de faire quelques erreurs. La durée de cuisson nécessaire aux aliments est fonction de beaucoup de choses : la taille des morceaux, la chaleur de la poêle, mais aussi le volume des autres ingrédients et la taille du wok. Si le wok est grand, les aliments auront un meilleur contact avec le fond et cuiront plus vite.

Un peu d'expérience et du bon sens vous suffiront pour estimer rapidement le moment propice pour introduire de nouveaux produits. Pour la volaille par exemple, il faut vérifier souvent la cuisson. Si les morceaux sont rosés à l'intérieur, la viande n'est pas suffisamment cuite.

SAUTER
Pour faire revenir des aliments dans le wok, on ajoute du liquide que l'on remue pendant tout le temps de la cuisson. Après avoir ajouté un fond de sauce ou un jus de marinade, on continue à tourner, jusqu'à ce que la sauce épaississe ou s'évapore.

SERVIR
N'oubliez pas que des aliments vite cuisinés sont meilleurs si on les mange bien chauds. Disposez rapidement les aliments cuits sur un plat de service ou sur des assiettes préchauffées. Avant de servir le plat principal, disposez sur la table l'accompagnement et les garnitures. Vous pouvez servir directement dans le wok, que vous placerez sur un réchaud ou un chauffe-plats.

HORS-D'ŒUVRE

Lorsque tous les ingrédients ont été préparés et que le wok commence à chauffer, vous pouvez entrer en action, pendant que vos invités se détendront avec un apéritif.

Si le temps de cuisson prévu est très court, priez vos hôtes de passer à table avant de commencer. Il vaut mieux laisser attendre les invités quelques minutes plutôt que de manger froid.

Plusieurs recettes de ce livre, normalement servies en plats principaux, peuvent devenir des hors-d'œuvre. Il vous suffira de réduire un peu les quantités.

Inversement, en doublant les quantités, vous pourrez transformer les hors-d'œuvre proposés en un choix de plats complets pour un déjeuner ou un dîner.

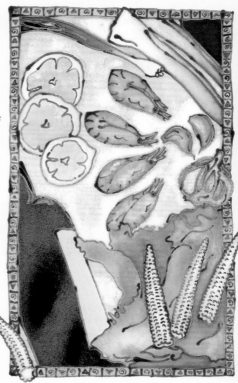

■ Seiche à l'orientale

Frits, les morceaux de seiche se recroquevillent, faisant apparaître les dessins en losange, ciselés au préalable avec la pointe du couteau. Le choix de l'huile est essentiel pour atteindre une forte température et réussir ce plat.

POUR 4 PERSONNES

12 seiches, lavées, vidées (voir page 25)
1 jus de citron
1 gousse de piment chili, hachée sans ses graines
1cuil. à café de cinq-épices

2 gousses d'ail, écrasées
2 cuil. à café d'huile de sésame
4 cuil. à soupe d'huile d'arachide
1 piment rouge épépiné, coupé en brunoise
4 oignons nouveaux, émincés
4 cuil. à soupe de sauce soja

Selon votre goût, vous pouvez également cuire ou non les tentacules. Tailler la seiche en long, en 2 ou 3 morceaux. Avec un couteau pointu bien acéré, tailler sur la face intérieure un dessin en losange.

Réserver les morceaux de seiche dans un bol. Ajouter le citron, le piment chili, la poudre cinq-épices (ce mélange très utilisé renferme le plus souvent anis étoilé, fenouil, clou de girofle, cannelle et poivre du Sichuan), l'ail, l'huile de sésame. Remuer jusqu'à ce que tous les morceaux soient bien imprégnés. Couvrir et laisser reposer au moins 1 heure, si possible 2 ou 3.

Chauffer l'huile d'arachide dans le wok, jusqu'à ce qu'elle soit chaude, y plonger les morceaux de seiche et les faire dorer en remuant. Ils se recroquevillent et les losanges deviennent apparents. Retirer les morceaux de seiche avec une passoire, et les déposer sur les assiettes.

Vider le wok de l'excédent d'huile et commencer à y cuire les légumes : d'abord le piment, puis les rondelles d'oignon, sans cesser de tourner pendant 1 à 2 minutes. Verser la sauce soja et tourner encore quelques secondes. Répartir les légumes et leur liquide de cuisson sur les assiettes avec les morceaux de seiche.

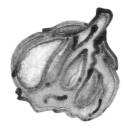

■ Épis de maïs aux crevettes

POUR 4 PERSONNES

1 gousse d'ail, écrasée
1/2 cuil. à café de curcuma
2 cuil. à soupe de sauce soja claire
2 cuil. à soupe de xérès
250 g d'épis de maïs miniatures
3 cuil. à soupe d'huile

1 tige de céleri, coupée en rondelles
4 oignons nouveaux, coupés
   en rondelles
1/2 salade croquante
250 g de petites crevettes, cuites et
   décortiquées
3 cuil. à café de zeste de citron, râpé

Dans un grand plat creux, mélanger l'ail, le curcuma, la sauce soja et le xérès. Ajouter les épis de maïs et remuer jusqu'à ce qu'ils soient recouverts de liquide. Couvrir le plat et laisser reposer 30 minutes. Le maïs peut rester plusieurs heures dans cette marinade.

Faire chauffer 2 cuillerées à café d'huile et y dorer le céleri pendant 30 secondes. En se servant d'une écumoire, ajouter les épis de maïs. Réserver la marinade. Faire rissoler le maïs 4-5 minutes tout en tournant. Ajouter les oignons et cuire 1 minute, ajouter sur le tout la salade et enfin la marinade. Tourner encore 30 à 60 secondes. Il faut que la salade croque sous la dent.

Répartir le mélange dans 4 assiettes ou petits plats préchauffés. Verser dans la poêle le reste d'huile et cuire les crevettes avec le citron râpé pendant 30 secondes ou jusqu'à ce que le tout soit bien chaud. Disposer les crevettes sur le mélange. Servir immédiatement.

> ### CONSEIL DU CHEF
>
> Si vous utilisez des crevettes congelées dans vos recettes, il vaut mieux les peser décongelées et séchées.

■ Coquilles Saint-Jacques à l'avocat

POUR 4 PERSONNES

1 citron vert
1 botte de cresson
2 avocats
1 grosse noix de beurre

Huile
8 grosses coquilles Saint-Jacques,
   coupées en tranches
Sel et poivre blanc

Il existe un moyen très simple de réaliser rapidement un hors-d'œuvre pour 4 personnes avec quelques grosses coquilles Saint-Jacques : il suffira de les servir avec du pain et du beurre ou des toasts Melba (voir page 20).

Couper au milieu du citron vert une fine lanière de zeste et la recouper en tout petits morceaux. Couper le citron vert en quatre et réserver. Enlever les tiges du cresson.

Partager les avocats en deux, ôter le noyau et couper la chair en quartiers. Peler les quartiers, couper en tranches, que l'on dressera sur plusieurs assiettes.

Mettre un peu d'huile dans la poêle et y faire fondre le beurre. Ajouter le zeste de citron vert et laisser revenir quelques secondes. Ajouter les tranches de coquille et le cresson et rissoler 1 à 2 minutes en tournant, jusqu'à ce que la chair soit presque à point. Elle doit croquer sous la dent. Les coquilles cuites trop longtemps sont caoutchouteuses. Répartir les coquilles sur les assiettes et décorer chaque portion d'un morceau de citron vert. Servir rapidement. On peut arroser légèrement de jus de citron.

ÉPIS DE MAÏS AUX CREVETTES

■ Crêpes légères aux légumes

Des crêpes légères faites de blanc d'œuf et aromatisées à l'oignon nouveau constituent la base idéale pour ce mélange de légumes. De longs radis blancs et du cresson donneront à ce mélange de brocoli et de champignons une bonne saveur.

POUR 4 PERSONNES

2 blancs d'œufs
2 cuil. à soupe de fécule de maïs
Sel
2 oignons nouveaux, coupés en brunoise

LÉGUMES À CUIRE AU WOK

Radis blancs, pelés, coupés en lanières de 5 cm
250 g de brocoli

250 g de champignons, coupés en fines lamelles
2 cuil. à soupe de sauce soja
1 cuil. à soupe de sucre semoule
1 cuil. à soupe de vinaigre de riz ou de pomme
Huile de cuisson
2 cuil. à soupe de graines de sésame

Battre légèrement les blancs d'œufs avec 2 cuillerées à soupe d'eau, ajouter peu à peu la fécule de riz et un peu de sel, ensuite les oignons nouveaux en tournant.

Couper le radis blanc en tranches dans le sens de la longueur, puis en fines lanières et réserver dans un bol. Couper le brocoli en bouquets et mélanger avec le radis blanc. Placer les lamelles de champignon dans un bol séparé et ajouter la sauce soja et le vinaigre. Bien remuer le tout sans que les lamelles de champignon ne se cassent.

Couvrir le bol et réserver.

Les crêpes peuvent être faites une par une dans un wok, ou par 2 ou 3 dans une grande poêle. Faire chauffer l'huile, battre la pâte avec les blancs d'œufs et verser une cuillerée de pâte dans la poêle pour obtenir une crêpe mince et ronde.

Faire cuire la crêpe jusqu'à ce que le dessous brunisse, retourner et faire dorer. Égoutter les crêpes sur du papier absorbant et réserver au chaud. Réaliser ainsi 8 petites crêpes.

Chauffer un peu d'huile, y déposer avec l'écumoire les champignons, mélanger pendant 1 minute environ, jusqu'à ce que les champignons aient pris de la couleur. Ajouter radis et brocoli et faire cuire le tout en tournant pendant 3 minutes, puis les graines de sésame et laisser revenir 1 minute. Verser la marinade des champignons et la répartir en tournant.

Disposer les crêpes sur des assiettes chaudes et les recouvrir d'une portion de légumes cuits. Servir immédiatement.

■ Aubergines au jambon

Un hors-d'œuvre original pour un menu de style méditerranéen.

POUR 4 PERSONNES

1 grosse aubergine	1 petit oignon, émincé
Sel et poivre noir fraîchement moulu	2 petits navets, coupés en fines lanières
4 tomates pelées, épépinées	4 tranches de jambon d'York, coupées en lanières
6 cuil. à soupe d'huile d'olive	4 tiges de basilic, hachées
1 gousse d'ail, écrasée	

Laver l'aubergine et détacher une mince lamelle de peau sur deux côtés. Couper 4 tranches dans le sens de la longueur, les placer dans une passoire et saupoudrer de sel. Laisser dégorger 20 minutes environ sur une assiette, rincer les morceaux d'aubergine, éponger avec du papier absorbant. Couper les tomates en rondelles.

Chauffer 4 cuillerées d'huile et rissoler les tranches d'aubergine. Les retourner après quelques secondes et laisser cuire jusqu'à ce qu'elles aient pris de la couleur. Retourner une fois de plus et faire dorer. Répartir les tranches sur 4 assiettes et réserver au chaud.

Chauffer le reste d'huile. Ajouter l'ail, les oignons et les navets ; rissoler 5 minutes en tournant jusqu'à ce que les légumes soient cuits mais croquants. Ajouter alors les tomates, le jambon et les condiments et remuer encore une trentaine de secondes.

Répartir le mélange de légumes sur les tranches d'aubergine et déposer un peu de basilic sur chaque portion. Servir rapidement avec un peu de pain.

PELER ET ÉPÉPINER DES TOMATES

Il existe deux moyens de peler des tomates. Le premier concerne des tomates bien fermes : on pique la tomate avec une fourchette métallique, et on la tourne sur la flamme du gaz, jusqu'à ce que la peau se gerce et se soulève. On peut alors enlever la peau sous l'eau froide. S'il faut peler une importante quantité de tomates, les mettre dans un récipient et verser dessus de l'eau bouillante. Laisser les tomates dans cette eau 30 à 60 secondes, les très mûres demandent moins de temps. Ensuite, sécher les tomates, ouvrir la peau avec la pointe d'un couteau. Normalement, la peau se détache facilement.

Pour enlever les pépins : couper la tomate en deux, puis épépiner avec une cuillère à café, sans couper ni la peau ni la chair.

PIPERADE

■ Piperade

L'été, c'est un hors-d'œuvre excellent pour un barbecue entre amis, car vous pouvez faire chauffer le wok sur de la braise de charbon de bois. La piperade accompagne merveilleusement les brochettes kebab ou toute autre forme de viande grillée.

POUR 4 PERSONNES

4 cuil. à soupe de raisins secs
2 cuil. à soupe de vin rouge
20 olives noires dénoyautées, coupées en tranches
2 cuil. à soupe d'huile d'olive
4 cuil. à soupe de persil frais, haché

2 cuil. à café de zeste de citron, râpé
4 gros poivrons (de préférence rouge, jaune, orange)
3 cuil. à soupe de pignons
Sel et poivre noir fraîchement moulu

Dans une petite casserole, porter à ébullition le vin avec les raisins secs, puis réserver. On peut aussi mettre le vin et les raisins dans un bol et passer au four à micro-ondes 30 secondes à la température maximum. Mélanger les olives, le persil et le zeste de citron râpé.

Couper les poivrons en deux dans le sens de la longueur, épépiner et couper en fines lanières. Chauffer l'huile, plonger les pignons et les faire dorer 1 minute en tournant. Ajouter les lanières de poivron et cuire 4 à 5 minutes. Verser le mélange vin et raisins. Laisser revenir quelques secondes. Répartir les poivrons sur plusieurs assiettes ou sur un plat, arroser le mélange avec l'huile et servir.

■ Légumes à la tapenade

Les légumes frits sont servis dans des feuilles de salade, garnies de tapenade et roulées. La tapenade doit être assez relevée, afin de donner davantage de goût aux légumes cuits sans sel. Veillez à ce que les feuilles de salade ne soient pas trop remplies et donnez à vos hôtes de grandes serviettes ou des rince-doigts.

POUR 4 PERSONNES
TAPENADE

100 g d'olives noires dénoyautées
50 g de filets d'anchois en conserve
2 cuil. à soupe de câpres
1 grosse gousse d'ail, écrasée
2 cuil. à café de poivre noir fraîchement moulu
2 cuil. à soupe de jus de citron
50 ml d'huile d'olive

LÉGUMES À CUIRE AU WOK

1 fenouil entier
4 feuilles de céleri, hachées
2 cuil. à soupe d'huile d'olive
1/2 petit oignon, émincé (de préférence rouge)
400 g de cœurs d'artichaut
4 cuil. à soupe de persil fraîchement haché
12 grosses feuilles de salade pour décorer

La tapenade peut être préparée à l'avance, elle se conserve 2 à 3 jours au réfrigérateur dans un récipient fermé. Piler les olives au mortier pour en faire une pâte, écraser les anchois et leur huile de conserve et mélanger avec les olives. Ensuite, ajouter par petites quantités l'ail et les câpres, jusqu'à obtenir un mélange homogène. Bien poivrer, incorporer le jus de citron, puis, lentement, l'huile d'olive.

Ce mélange est plus facile à préparer au mixeur, mais il faut faire attention à ne pas trop broyer les ingrédients. Mettre la tapenade dans une petite saucière, que l'on placera au centre d'un grand plat de service.

Partager le fenouil en deux dans le sens de la longueur et couper en fines tranches. Hacher les feuilles de céleri. Chauffer l'huile et faire rissoler le céleri, le fenouil et l'oignon pendant 3 minutes en tournant. Ajouter les cœurs d'artichaut et mélanger encore 1 minute pour qu'ils soient bien chauds. Saupoudrer de persil.

Dresser les feuilles de salade autour du plat en les garnissant de tapenade. Répartir les légumes sur les feuilles et servir rapidement.

HALLOUMI AUX RAISINS

Égrener la grappe de raisin, laver les grains et les sécher. Débarrasser le cresson de ses tiges et le mélanger avec les oignons. Répartir la salade sur 4 assiettes.

Verser dans une grande poêle l'eau de macération du fromage et faire chauffer. L'huile d'olive risquant de se dégrader à haute température, ne pas chauffer trop longtemps. Ajouter les morceaux de fromage dans la poêle et les faire dorer en tournant. Incorporer les grains de raisin et les laisser cuire jusqu'à ce qu'ils soient un peu chauds.

À la cuillère, répartir le fromage halloumi et les raisins sur des assiettes préparées et servir de suite, avec du pain grillé.

■ Halloumi aux raisins

Halloumi est le nom d'un fromage à pâte molle fait avec du lait de brebis au Proche-Orient, en Turquie et en Grèce. On le sert souvent grillé car à la cuisson une croûte croquante se forme sur le dessus alors que l'intérieur reste moelleux. Servez ce hors-d'œuvre très chaud : les raisins croquants et sucrés feront un agréable contraste avec le goût du fromage.

POUR 4 PERSONNES
350 g de halloumi
4 cuil. à soupe d'huile d'olive
1 cuil. à café de marjolaine séchée
1 cuil. à café de feuilles de thym fraîches
2 cuil. à soupe de graines de coriandre grossièrement broyées
Poivre noir fraîchement moulu
250 g de raisins blancs sans pépins
1 botte de cresson
2 oignons nouveaux, hachés

Couper le fromage en cubes d'environ 2,5 cm, les mettre dans un plat rond. Ajouter huile d'olive, thym, marjolaine, coriandre et poivrer généreusement. Bien mélanger le tout et laisser reposer au moins 1 heure, plat couvert. Le fromage peut même rester au réfrigérateur toute une nuit.

■ Délice de champignons

Ce plat convient aussi bien comme plat principal léger pour le déjeuner que comme hors-d'œuvre pour mettre en appétit. Des tomates séchées au soleil sont accompagnées d'un mélange de champignons rissolés.

POUR 4 PERSONNES
50 g de bolets ou cèpes séchés
1 grosse noix de beurre
4 tomates séchées
2 cuil. à soupe de porto
250 g de pleurotes, coupés en tranches
250 g de cèpes, coupés en tranches
2 cuil. à soupe d'huile d'olive
4 cuil. à soupe de ciboulette, finement hachée
4 cuil. à soupe de persil, fraîchement haché

Mettre les champignons séchés et les tomates dans une casserole, les recouvrir d'eau et porter à ébullition. Réduire la flamme et laisser mijoter 15 minutes. Réserver l'eau de cuisson.

Couper les tomates en petits cubes, arroser de porto et réserver. Filtrer sur une mousseline l'eau de cuisson des champignons et la remettre dans la casserole. Porter le liquide à ébullition, réduire jusqu'à ce qu'il reste la valeur de 2 cuillerées à soupe et en arroser les tomates.

Ôter les pieds durs des pleurotes. Faire chauffer l'huile et le beurre, puis rissoler pendant 1 minute, à feu vif, les champignons séchés et les cèpes. Ajouter les pleurotes et poursuivre la cuisson 2 minutes, jusqu'à ce que les champignons soient chauds mais pas encore cuits. Incorporer les tomates et leur liquide et laisser bouillir le tout 30 secondes environ.

Enfin, ajouter en mélangeant les fines herbes et servir rapidement, accompagné de pain croustillant.

■ Foies de poulet en salade

Ce plat convient pour un repas léger à midi ou comme entrée pour un dîner plus copieux.

POUR 4 PERSONNES

250 g de foies de poulet
1/2 cuil. à café de coriandre
1/2 cuil. à café de muscade
1/2 cuil. à café de paprika
1 cuil. à soupe de farine
Sel et poivre noir fraîchement moulu
2 oignons nouveaux, hachés

4 cuil. à soupe de persil frais, haché
1 cuil à café de zeste de citron, râpé
250 g de lard maigre, coupé en petits dés
2 cuil. à soupe d'huile d'olive
Salades diverses et tranches de citron en garniture

Préparer, laver et éponger les foies de poulet. Ôter les peaux éventuelles et recouper en 2 ou en 4 chaque lobe de foie. Rouler les morceaux de foie dans un mélange de farine, coriandre, paprika et muscade, saupoudrer généreusement de sel et de poivre, jusqu'à ce que tous les morceaux soient bien enrobés.

Mélanger les oignons nouveaux avec le zeste de citron râpé et le persil et réserver. Répartir la salade sur 4 assiettes.

Mettre le lard maigre dans une poêle froide, chauffer tout en tournant, jusqu'à ce qu'il rende sa graisse. Continuer à faire rissoler pour que les lardons soient dorés et croustillants. Les retirer avec une écumoire et les égoutter sur du papier absorbant.

Verser l'huile d'olive dans la graisse des lardons et faire chauffer brièvement. Ajouter les morceaux de foie avec leur mélange de condiments et faire revenir en tournant jusqu'à ce que le foie soit presque à point et légèrement doré, environ 5 minutes. À la cuillère, répartir les morceaux de foie dans les assiettes préparées. Décorer avec le citron. Servir rapidement avec des toasts.

TOAST GRILLÉS

Faire dorer dans un grille-pain des tranches de pain d'épaisseur moyenne. Ôter la croûte, puis recouper en deux chaque tranche pour obtenir des tranches très fines. Déposer la face non rôtie sur la grille du grille-pain jusqu'à ce que les tranches soient légèrement dorées. Laisser tiédir.

PLATS PRINCIPAUX

Ce chapitre propose des plats de résistance aussi simples que délicieux, qui réjouiront votre famille et vos hôtes les plus gourmands. Ces recettes peu coûteuses sont des plats modestes mais d'une saveur incomparable, qui feront vite partie de vos talents culinaires. Vous glanerez au passage des idées pour la préparation des produits de la mer et libre à vous d'adapter ces mêmes recettes à la viande. Vous trouverez des recettes faciles pour cuisiner de la volaille, des saucisses ou même des abats.

Servez les plats cuisinés au wok sur un lit de riz, de pâtes ou de salade. Réalisez de délicieux rouleaux avec des crêpes sorties toutes chaudes du wok. Accompagnez avec la garniture de votre choix : un pain pita, une baguette coupée en deux, ou encore une pomme de terre cuite à la vapeur. Si le temps vous manque, préparez les plats très simplement et servez-les avec une salade assaisonnée à votre goût.

■ Filets de poisson aux courgettes

POUR 4 PERSONNES

650 g de merlan ou un autre
   poisson blanc ferme, sans peau
3 cuil. à soupe de farine
1 zeste de citron, râpé
3 cuil. à soupe d'huile
1/2 petit oignon, coupé
   en allumettes
1 poivron rouge, coupé en
   fines lanières

250 g de petites courgettes,
   nettoyées, coupées en deux
   dans le sens de la longueur,
   puis recoupées en lanières de
   5 cm de long environ
Sel et poivre noir moulu
4 cuil. à soupe de ciboulette,
   hachée
Quartiers de citron pour décorer

Couper les filets de poisson en bandes de 1 cm de large,
les déposer dans un plat rond en y ajoutant en pluie les
condiments, la farine et le zeste de citron. Bien mélanger
pour que les morceaux de poisson soient enrobés de
farine.

   Faire chauffer l'huile, y incorporer l'oignon et le
poivron et laisser cuire 3 minutes en tournant. Ajouter le
poisson et le faire rissoler doucement 4 à 5 minutes en
tournant, mais en veillant à ne pas briser les morceaux.
Avec une écumoire, retirer le mélange et le disposer sur
un plat de service préchauffé.

   Faire cuire les courgettes dans le reste d'huile (il doit
en rester assez pour bien graisser la poêle), pendant 2
minutes environ, à feu vif tout en tournant, jusqu'à ce
qu'elles soient chaudes et tendres. Saupoudrer la
ciboulette autour des courgettes et du poisson. Décorer
de quartiers de citron et servir rapidement. Arroser le
poisson avec quelques gouttes de jus de citron.

CONSEIL DU CHEF

On se servira de préférence de ciseaux pour couper
(ciseler) la ciboulette. Après l'avoir rincée à l'eau, on
tient les tiges de ciboulette dans une main et on les
coupe avec les ciseaux au-dessus du plat.

■ Maquereaux aux groseilles

L'acidité naturelle de ces fruits accompagne bien le maquereau. D'ailleurs une variété de groseille s'appelle groseille à maquereaux. On ne les cuisine pas en même temps dans le wok. Servez cette préparation avec des pommes de terre nouvelles, des petits pois frais ou des haricots verts.

POUR 4 PERSONNES

4 maquereaux, petits ou moyens, vidés, sans tête ni queue	250 g de groseilles à maquereaux, sans pédoncule ni calice
Sel et poivre noir moulu	50 g de sucre de canne blanc
4 cuil. à soupe de farine	3 cuil. à soupe d'huile
1 petite noix de beurre	2 cuil. à soupe d'aneth ou de fenouil, haché
1 petit oignon, coupé en deux puis en tranches fines	Brins verts d'aneth ou de fenouil pour décorer

Poser les maquereaux ouverts sur une planche, la peau vers le haut. Avec le pouce, on appuie fortement sur l'échine, puis on retourne le poisson et on soulève l'arête dorsale en partant de la queue. L'arête, ainsi écrasée, devrait s'enlever facilement et entraîner avec elle les autres arêtes. Enlever les arêtes restantes et couper le poisson en bandes de 1 cm de large, que l'on roule dans de la farine.

Faire fondre le beurre dans la poêle, y ajouter les oignons et les glacer pendant 5 minutes environ en tournant. Ajouter les groseilles et cuire 3 à 4 minutes. Incorporer le sucre en tournant jusqu'à ce qu'il fonde et forme avec le jus des fruits un glacis légèrement acidulé. Sortir les fruits à la cuillère, les déposer en rond sur un plat de service et garder au chaud.

Nettoyer la poêle avec du papier absorbant, chauffer l'huile et y rissoler le poisson à feu moyen en tournant, jusqu'à ce qu'il soit croustillant et doré. Égoutter les bandes de poisson sur du papier absorbant, les rouler dans l'aneth ou le fenouil et poser sur le plat avec la sauce des groseilles. Décorer de brins d'aneth ou de fenouil et servir rapidement.

■ Poisson aux haricots noirs

Servez ce plat aromatique d'Extrême-Orient avec du riz blanc. Si vous choisissez de faire ce plat en hors-d'œuvre, réduisez de moitié la quantité de poisson indiquée.

POUR 4 PERSONNES

1 kg de filets de limande, de merlan ou de cabillaud, sans peau	2 cuil. à soupe d'huile
	5 cm de racine de gingembre, pelé et coupée en fines lanières
2 cuil. à soupe de haricots noirs salés	1 piment vert, épépiné et coupé en rondelles
4 cuil. à soupe de xérès	1 gousse d'ail, écrasée
2 cuil. à soupe de sauce soja claire	1 brin de citronnelle ou 1 lanière de zeste de citron
1 cuil. à café d'huile de sésame	1 botte d'oignons nouveaux, coupés en rondelles en biais
3 cuil. à soupe de farine de maïs	

Couper le poisson perpendiculairement en bandelettes de 1 cm de large et le déposer dans un grand plat de service. Répartir au-dessus du poisson les haricots noirs salés, le xérès, la sauce soja et l'huile de sésame. Recouvrir et laisser macérer le poisson dans cette marinade 2 à 3 heures.

Avant de cuisiner le poisson, le laisser bien égoutter. Récupérer la marinade et rouler le poisson dans la farine de maïs.

Faire chauffer l'huile, incorporer le gingembre, le piment, l'ail, la citronnelle ou le zeste de citron et cuire en tournant pendant 4 à 5 minutes à feu moyen, pour faire ressortir les arômes. Poser les bandelettes de poisson dans la poêle et les faire rissoler doucement jusqu'à ce qu'elles prennent une couleur ambrée, en veillant à ne pas déchiqueter le poisson.

Ajouter les oignons nouveaux et poursuivre la cuisson pendant 2 minutes, jusqu'à ce qu'ils soient bien glacés. Diluer la marinade avec 4 cuillerées à soupe d'eau et la verser dans la poêle. Porter à ébullition à feu vif, réduire et cuire 1 minute en tournant. Servir aussitôt.

POISSON AUX HARICOTS NOIRS

■ Cabillaud aux petits pois

Le goût sucré des petits pois frais donne à ce plat un goût particulier. Pour un repas de fête, remplacer le cabillaud par de la lotte. On peut utiliser des petits pois surgelés. En accompagnement, choisissez entre le riz, les pâtes et les pommes de terre, vapeur ou sautées.

POUR 4 PERSONNES

650 g de filet de cabillaud, épais, sans peau, coupé en gros cubes
Sel et poivre noir moulu
1 cuil. à soupe de jus de citron
2 cuil. à soupe d'huile d'olive
1 petite noix de beurre
1 gros oignon, haché
1 gousse d'ail, écrasée

200 g de petits pois frais ou extrafins surgelés
1 cœur de laitue, coupé en julienne
1 cuil. à soupe d'aneth ou de fenouil frais, haché
2 cuil. à soupe de persil fraîchement haché
Quartiers de citron ou de citron vert pour décorer

Bien assaisonner le poisson et l'asperger de quelques gouttes de citron. Chauffer l'huile et le beurre, faire rissoler 5 minutes, tout en tournant, l'ail et l'oignon.

Poursuivre la cuisson 5 minutes avec les petits pois, ajouter la salade et cuire encore 2 minutes, jusqu'à ce que la salade se soit ramollie. Incorporer l'aneth ou le fenouil, le poisson et le persil et rissoler 5 minutes en tournant, jusqu'à ce que le poisson soit cuit, mais ferme. Goûter le plat terminé et décorer de quartiers de citron, jaune ou vert.

CABILLAUD AUX PETITS POIS

CREVETTES EN CROISILLON D'OMELETTE

■ Crevettes en croisillon d'omelette

POUR 4 PERSONNES

1 piment vert, épépiné et coupé en fines rondelles
2 gousses d'ail, écrasées
2,5 cm de racine de gingembre, râpée
1/2 cuil. à café de curcuma
1 pincée de clous de girofle en poudre
1 cuil. à soupe de coriandre en poudre
1 cuil. à café de cumin ou carvi
Jus de 2 citrons verts

450 g de crevettes cuites, décortiquées
4 cuil. à soupe d'huile
1 gros oignon, coupé en rondelles fines
3 cuil. à soupe de cacahuètes salées, hachées
100 ml de lait de noix de coco
2 cuil. à soupe de coriandre fraîche, hachée
OMELETTE
2 œufs entiers, battus
1/2 cuil. à café d'huile de sésame
1 cuil. à café d'huile

Mélanger dans un plat piment, ail, gingembre, curcuma, girofle, coriandre et cumin avec le jus des citrons verts en assaisonnant généreusement. Ajouter les crevettes et bien mélanger le tout. Couvrir et laisser mariner 2 à 3 heures. Chauffer l'huile, faire rissoler l'oignon pendant une dizaine de minutes en tournant, jusqu'à ce que l'oignon brunisse. Ajouter les crevettes avec leur marinade et poursuivre la cuisson 5 minutes en tournant. Incorporer le lait de coco et les cacahuètes en tournant, jusqu'à ébullition. Goûter, déposer sur un plat de service et garnir de coriandre.

Pour l'omelette, utiliser une grande poêle. Battre les œufs avec l'huile de sésame, 2 cuillerées à soupe d'eau, un peu de sel et de poivre. Chauffer l'huile. Quand elle est chaude, verser l'omelette dans la poêle et cuire jusqu'à ce que le dessous soit ferme et un peu doré. Avec une spatule, retourner l'omelette et dorer de l'autre côté. Découper l'omelette en lanières que l'on disposera en croisillon au-dessus des crevettes. Servir rapidement.

CONSEIL DU CHEF

Si vous craignez de ne pas arriver à soulever la crêpe avec une spatule, vous pouvez la laisser glisser dans une assiette, pour la remettre ensuite dans la poêle.

■ Seiche à la provençale

POUR 4 PERSONNES

8 seiches de taille moyenne
4 cuil. à soupe de farine
Sel et poivre moulu
6 cuil. à soupe d'huile d'olive
1 oignon, coupé en deux puis
    en tranches
1 poivron vert, coupé en fines
    tranches

1 à 2 gousses d'ail, écrasées
1 feuille de laurier
450 g de tomates bien mûres,
    pelées, coupées en quartiers
50 g d'olives noires, dénoyautées,
    coupées en tranches
4 cuil. à soupe de persil,
    fraîchement haché

Préparer d'abord les seiches. Couper la poche en rondelles et les tentacules (si vous les utilisez) en petits morceaux. Essuyer avec un papier absorbant et déposer dans un plat.

Saupoudrer de farine et assaisonner les morceaux de seiche. Faire chauffer l'huile et y rissoler à feu vif les morceaux de seiche jusqu'à ce qu'ils soient un peu dorés. Les retirer du wok avec une écumoire et égoutter sur un papier absorbant.

Dans l'huile restante, mettre les oignons, le poivron et l'ail, ainsi que la feuille de laurier. Mélanger les ingrédients jusqu'à ce que le poivron et l'oignon soient un peu glacés, à peu près 5 minutes. Ajouter les tomates et cuire encore 5 minutes tout en tournant jusqu'à ce que les tomates soient tendres mais pas en purée. Ajouter les olives et les condiments, puis les morceaux de seiche. Verser le persil par-dessus et faire sauter le tout pendant 1 minute à feu vif. Servir avec du riz.

PRÉPARATION DES SEICHES

Extraire de la poche les tentacules et la tête. Si vous voulez utiliser les tentacules, vous devez les couper au ras de l'œil. Retirer la trompe transparente de l'intérieur du sac, puis rincer le corps de la seiche abondamment à l'eau froide et enlever en frottant les parties noirâtres de la peau. Avant de les cuire, rincer abondamment les tentacules. Éponger soigneusement tous les morceaux.

POULET À LA GELÉE DE CITRON

■ Poulet aux brocolis et noix de cajou

POUR 4 PERSONNES

1 cuil. à soupe de fécule de maïs
4 cuil. à soupe de xérès
4 cuil. à soupe de sauce soja
100 ml de fond de volaille
1 cuil. à soupe d'huile de sésame
2 cuil. à soupe d'huile de
    tournesol ou d'arachide
50 g de noix de cajou non salées

4 gros blancs de poulet, coupés
    en tranches minces
250 g de fleurs de brocoli,
    en petits morceaux
200 g de pousses de bambou de
    conserve, égouttées, coupées
    en tranches
6 oignons nouveaux, coupés en
    tranches en biais

Avec la fécule, le fond de volaille, la sauce soja et le xérès, faire une pâte lisse, réserver.

Chauffer les huiles, y jeter les morceaux de poulet et les noix de cajou et rissoler en tournant jusqu'à ce que le poulet soit tendre et bien doré et les noix légèrement colorées.

Ajouter le brocoli, le bambou et les oignons nouveaux et laisser cuire 3 à 4 minutes, jusqu'à ce que le brocoli soit un peu attendri.

Tourner une fois la pâte de fécule, verser dans la poêle et chauffer tout en tournant jusqu'à ce que la sauce soit à ébullition. Laisser cuire encore 1 minute sans cesser de tourner pour que tous les ingrédients soient imprégnés d'une sauce un peu épaisse. Servir rapidement.

■ Poulet à la gelée de citron

Cette préparation à base de volaille est facile à réaliser. Elle est délicieuse avec des pommes de terre nouvelles cuites à la vapeur et une salade croquante.

POUR 4 PERSONNES

8 blancs de poulet
2 cuil. à soupe de farine
Sel et poivre moulu
1 cuil. à soupe d'huile de tournesol
50 g de beurre
1 feuille de laurier

1 brin de thym
Jus et zeste râpé d'un gros citron
4 cuil. à soupe de marmelade ou
    de gelée de citron
DÉCORATION
Tranches de citron
Brins de thym

Couper les blancs de poulet en gros médaillons, assaisonner et rouler les morceaux dans la farine.

Faire chauffer l'huile et la moitié du beurre, ajouter la feuille de laurier, le thym et le poulet et cuire jusqu'à ce que le poulet soit tendre et doré. Ajouter zeste et jus de citron et laisser cuire 30 secondes environ, pour que les morceaux de poulet soient bien imprégnés de citron.

Verser dans le wok la marmelade de citron avec 2 cuillerées à soupe d'eau et tourner jusqu'à ce que la marmelade soit dissoute et liée avec les autres ingrédients pour former un liquide bouillonnant. Incorporer le reste de beurre pour donner du brillant au glacé et de la saveur au plat. Décorer au choix de tranches de citron ou de brins de thym et servir immédiatement.

POULET AUX BROCOLIS ET NOIX DE CAJOU

DINDE AUX MARRONS ET CHOUX DE BRUXELLES

■ Dinde aux marrons et choux de Bruxelles

Pour ce plat, vous pourrez remplacer les marrons frais par des marrons en conserve (non sucrés).

POUR 4 PERSONNES

450 g de marrons	2 cuil. à soupe d'huile
650 g de choux de Bruxelles	Oignon haché
450 g de blancs de dinde, coupés	2 feuilles de sauge
en gros morceaux	1 brin de thym
3 cuil. à soupe de farine	250 ml de fond de volaille
Sel et poivre	100 ml de cidre

Laver les marrons, les fendre avec la pointe d'un couteau et les mettre dans une casserole. Couvrir d'eau et porter à ébullition. Réduire la flamme et laisser mijoter les marrons 15 minutes. Les sortir du jus, les essuyer et ôter la peau.

Couper en deux les choux de Bruxelles, les blanchir 2 minutes à l'eau bouillante. Égoutter et réserver.

Rouler les blancs de dinde dans la farine et les condiments. Faire chauffer l'huile et rissoler en tournant l'oignon, la sauge et le thym, pendant 7 minutes environ, jusqu'à ce que les oignons soient glacés. Ajouter la dinde et rissoler en tournant jusqu'à ce que tous les morceaux soient bien dorés. Incorporer les marrons et les choux de Bruxelles. Poursuivre la cuisson 5 minutes, ajouter le fond de volaille et le cidre.

Porter à ébullition sans arrêter de tourner, puis continuer à cuire 2 minutes jusqu'à ce que le liquide se soit épaissi. Goûter, assaisonner si nécessaire et servir immédiatement.

■ Poulet au maïs et aux amandes

POUR 4 PERSONNES

6 blancs de poulet, coupés	6 oignons nouveaux, coupés
en cubes de 2 à 3 cm	en rondelles en biais
2 cuil. à soupe de fécule de maïs	3 cuil. à soupe de sauce soja
1 blanc d'œuf	2 cuil. à soupe de jus de citron
1 cuil. à café d'huile de sésame	4 cuil. à soupe de vin
2 cuil. à soupe d'huile	au gingembre
50 g d'amandes entières	200 g de petits épis de maïs sucrés,
	en boîte

Placer dans une casserole les morceaux de poulet, la fécule de maïs et bien mélanger jusqu'à ce que tous les morceaux soient imprégnés de fécule. Battre un peu le blanc d'œuf et le verser avec l'huile de sésame sur le poulet. Remuer le tout.

Faire chauffer l'huile et griller les amandes pour qu'elles soient dorées. Les ressortir avec une écumoire et égoutter sur du papier absorbant. Mélanger à nouveau les morceaux de poulet et les verser dans l'huile chaude. Faire rissoler à feu vif en tournant jusqu'à ce que tous les morceaux soient à point et bien dorés.

Ajouter l'oignon et cuire en tournant pendant 2 minutes. Verser le vin au gingembre, le jus de citron et la sauce soja. Incorporer les petits épis de maïs et laisser cuire encore 2 minutes pour que tout soit bien chaud et recouvert d'un glacis de sauce. Verser les amandes dessus et servir aussitôt.

■ Hachis d'agneau aux petits pois

Servez de préférence ce plat indien vite préparé avec des concombres raita, un riz pilaf fumant ou des nans chauds (pains du nord de l'Inde).

POUR 4 PERSONNES

450 g de hachis d'agneau ou de mouton
2 cuil. à soupe de coriandre moulue
1 cuil. à café de gingembre moulu
6 capsules de cardamome verte
2 feuilles de laurier
1 jus de citron
Sel et poivre noir moulu
2 cuil. à soupe d'huile
1 oignon, haché
2 gousses d'ail, écrasées
1 bâtonnet de cannelle
1 cuil. à soupe de grains de cumin

1 cuil. à soupe de graines de moutarde
1 grosse pomme de terre, coupées en petits dés
100 g de petit pois fins, surgelés
50 g de raisins secs

ACCOMPAGNEMENT

1/4 de concombre, pelé, en petits dés
100 ml de yaourt nature
1 cuil. à soupe de menthe fraîche, hachée
Brins de menthe pour décorer

Mélanger soigneusement et assaisonner dans un plat : hachis d'agneau, coriandre, gingembre, cardamome, feuilles de laurier. Couvrir le plat et laisser mariner, au réfrigérateur plusieurs heures ou, encore mieux, toute une nuit.

Chauffer l'huile, incorporer oignon, ail, cannelle, grains de cumin, moutarde, pomme de terre en dés et cuire en tournant jusqu'à ce que la pomme de terre soit bien rissolée. Veillez à ne pas trop chauffer la poêle, ce qui pourrait brûler les épices. Ajouter le hachis et tourner jusqu'à ce que la viande soit dorée, puis les petits pois et les raisins secs et cuire encore 5 minutes. Goûter, assaisonner et réserver sur un plat préchauffé.

Pour l'accompagnement, mélanger le concombre, la menthe et le yaourt et en faire un lit sur lequel on dépose un peu de hachis. Décorer de feuilles de menthe et servir rapidement.

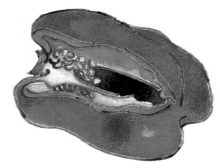

■ Hachis de bœuf créole

POUR 4 PERSONNES

250 g de riz long grain
Sel et poivre moulu
2 cuil. à soupe d'huile
1 gros oignon, coupé en tranches fines
2 poivrons (rouge et vert), épépinés et coupés en rondelles

2 gousses d'ail, écrasées
450 g de steak haché
1 cuil. à soupe de chili en poudre
425 g de tomates pelées

GARNITURE

4 tomates fraîches, coupées en dés
3 cuil. à soupe de persil fraîchement haché

Verser le riz dans une casserole avec de l'eau bouillante, porter à ébullition, réduire le feu et laisser mijoter une quinzaine de minutes, casserole couverte, jusqu'à ce que le riz soit à point.

Faire chauffer l'huile, cuire 5 minutes oignons, poivrons et ail. Mettre les légumes sur un côté du wok et frire le hachis au centre, jusqu'à ce qu'il soit cuit et doré. Ajouter la poudre de chili et l'assaisonnement. Incorporer les légumes réservés sur le côté du wok et poursuivre la cuisson 2 à 3 minutes. Ajouter ensuite la tomate et faire bouillir tout en remuant. Réduire la température et cuire encore 5 à 7 minutes en tournant.

Égoutter le riz et le servir sur un plat. Déposer le mélange de hachis au-dessus du riz, décorer avec les dés de tomate fraîche épluchée et le persil haché.

■ Boulettes de porc aigres-douces

POUR 4 PERSONNES
450 g de porc haché
1 cuil. à café d'huile de sésame
4 cuil. à soupe de fécule de maïs
1 œuf
2 cuil. à soupe de sauce soja
2 cuil. à soupe d'huile

SAUCE AIGRE-DOUCE
1 cuil. à café de fécule de maïs
4 cuil. à soupe de xérès
3 cuil. à soupe de concentré
de tomates

4 cuil. à soupe de sucre de
canne roux
4 cuil. à soupe de sauce soja
2 cuil. à soupe de vinaigre
de vin blanc
250 g de tranches d'ananas,
avec le jus
1 gros oignon, coupé en gros dés
1 gros poivron vert, coupé
en gros morceaux
2 carottes, coupées en petites
lanières

Mélanger le hachis de porc et l'huile de sésame, ajouter fécule, œuf et sauce soja. Utiliser une assiette pour mettre les boulettes. Bien se rincer les mains à l'eau froide, les sécher. Prendre la valeur d'une noix de hachis et en faire une boulette. Il est conseillé de se passer régulièrement les mains à l'eau froide pour que la viande ne colle pas et que les boulettes aient une surface lisse.

Avant de cuire la viande, il faut préparer la sauce. La fécule de maïs est allongée de 4 cuillerées à soupe d'eau pour faire une pâte. Y ajouter xérès, sauce soja concentré de tomates, sucre et vinaigre et bien remuer. Verser le jus d'ananas.

Faire chauffer l'huile et y rissoler les boulettes en tournant jusqu'à ce qu'elles soient bien dorées et cuites. Retirer les boulettes avec une écumoire et garder au chaud.

Mettre oignon, poivron et carotte dans l'huile restante et cuire 5 minutes environ en tournant. Bien remuer la sauce avant de la verser dans la poêle et porter le mélange à ébullition en tournant. Ajouter les boulettes et les morceaux d'ananas dans la poêle et continuer à cuire le tout 3 à 4 minutes, à feu réduit. Servir les boulettes avec du riz.

■ Porc satay sauce cacahuète

POUR 4 PERSONNES
450 g de viande de porc maigre, coupée en fines tranches
2 cuil. à soupe de jus de citron ou de citron vert
2 cuil. à soupe de coriandre en poudre
1 cuil. à café de gingembre en poudre
1 gousse d'ail, écrasée
Sel et poivre noir moulu
1 cuil. à café d'huile de sésame
4 cuil. à soupe d'huile d'arachide
1 botte d'oignons nouveaux, coupés fins
Jus d'un citron ou d'un citron vert
1/2 cuil. à café de chili en poudre

4 cuil. à soupe de tahini (pâte de sésame)
4 cuil. à soupe de beurre d'arachide avec petits morceaux de cacahuètes
2 cuil. à soupe de sauce soja

SAUCE SATAY
1 petit oignon, haché
2 gousses d'ail, écrasées

SALADE
1/2 laitue ou batavia, coupée en lanières
1/2 concombre, coupé en deux puis en rondelles fines

GARNITURE
Oignons blancs nouveaux
Rondelles de citron ou de limette

Mettre les morceaux de porc dans un plat, ajouter jus de citron ou de citron vert, coriandre, gingembre, ail, condiments et huile de sésame. Bien remuer pour recouvrir tous les morceaux de viande. Couvrir le plat et laisser mariner plusieurs heures ou toute une nuit.

Pour préparer la sauce, faire une bouillie au mixeur avec l'oignon, l'ail, le jus de citron ou citron vert, la poudre chili et le tahini. Recouvrir le beurre de cacahuète avec 3-4 cuillerées à soupe d'eau bouillante pour ramollir le beurre, en faire une pâte, à laquelle on incorpore la sauce soja et la bouillie précédente. Si nécessaire, diluer davantage la sauce avec un peu plus d'eau bouillante.

Déposer sur un plat de service ou dans des assiettes individuelles les feuilles de salade et les rondelles de concombre et d'oignons nouveaux. Faire chauffer l'huile d'arachide, y cuire la viande en tournant, jusqu'à qu'elle soit dorée et cuite. Répartir la viande cuite sur la salade.

Avec une cuillère, mettre un peu de sauce cacahuète sur la viande de porc. Servir séparément le reste de sauce. Décorer de tranches de citron vert et servir immédiatement.

CONSEIL DU CHEF

Le tahini est une pâte beige, faite avec des graines de sésame pilées, que l'on trouve dans les épiceries asiatiques.

■ Porc à l'orange

Vous pourrez accompagner ce plat avec des pâtes ou du riz. Vous pouvez aussi farcir de cette viande des pommes de terre, des crêpes ou du pain pita.

POUR 4 PERSONNES
500 g de viande de porc maigre
3 brins de sauge
Zeste râpé et jus d'une orange
2 cuil. à soupe de farine de blé noir (sarrasin)
Sel et poivre moulu

2 cuil. à soupe d'huile
1 oignon coupé en deux, puis en tranches fines
250 g de carottes, coupées en fines lanières
2 cuil. à soupe de miel clair
2 cuil. à soupe de xérès

Couper la viande en tranches fines, perpendiculairement à la fibre, et déposer dans un plat rond.

Ôter les tiges dures de la sauge, ciseler finement les feuilles et ajouter à la viande, avec le zeste et le jus d'orange. Bien mélanger, couvrir le plat et laisser macérer au moins 2 heures. Au frais, on peut laisser mariner 24 heures.

Avec une écumoire, retirer le porc de la marinade. Presser la viande sur le bord du plat pour évacuer le maximum de liquide. Poser la viande dans une assiette, recouvrir de farine et assaisonner, rouler un peu dans le mélange de condiments.

Faire chauffer l'huile, y cuire 3 à 4 minutes environ les oignons et les carottes. Ajouter la viande, tourner jusqu'à ce qu'elle soit dorée et tendre. Verser la marinade, le xérès et le miel. Bien remuer le tout, porter à ébullition et cuire pour que la sauce devienne épaisse et recouvre les ingrédients d'un beau glacis. Servir sans tarder.

■ Chili de porc aux cacahuètes et pêches

Ce mélange relevé de porc et de cacahuètes peut être servi avec du riz, des pommes de terre ou du pain pita. Avec un peu plus de chili, vous pourrez relever davantage ou obtenir un plat plus doux en réduisant l'assaisonnement.

POUR 4 PERSONNES
450 g de viande de porc maigre, coupée en tranches fines
1 cuil. à café de chili en poudre
1 cuil. à soupe de piment en poudre
2 gousses d'ail, écrasées
2 cuil. à café d'huile de sésame

2 cuil. à soupe d'huile
1 oignon, émincé
50 g de cacahuètes grillées
250 g de haricots verts, blanchis
425 g de pêches en morceaux, égouttées
Sel et poivre moulu
250 ml de crème fleurette

Mettre la viande de porc dans un plat rond avec le chili en poudre, le piment, l'ail et l'huile de sésame. Couvrir et laisser mariner 2 heures au moins ou toute une nuit au réfrigérateur.

Faire chauffer l'huile, y jeter les oignons et cuire en tournant pendant 5 minutes. Mettre la viande et la cuire jusqu'à ce qu'elle soit dorée. Ajouter les cacahuètes et faire cuire 2 minutes, puis les haricots verts et les morceaux de pêche et mélanger 5 minutes. Tout est alors chaud et la viande à point. Goûter, parfaire l'assaisonnement et servir rapidement, accompagné de crème fleurette.

CHILI DE PORC AUX CACAHUÈTES ET PÊCHES

■ Porc à la patate douce

Cette recette fait partie de la cuisine des Caraïbes. On peut l'accompagner d'une salade verte croquante, de céleri finement râpé, de concombre en salade, d'oignons nouveaux, d'ananas et de pain frais. Vous pourrez aussi faire cuire du riz et des haricots rouges pour obtenir un plat plus consistant et très savoureux.

POUR 4 PERSONNES

1 grosse patate douce, bien lavée
500 g de viande de porc maigre, coupée en petits dés
2 cuil. à café de cannelle
1 pincée de muscade, fraîchement râpée
1 pincée de clous de girofle en poudre, ou 3 clous
1 gousse d'ail, écrasée
3 brins de thym

Zeste râpé et jus d'un citron vert
Sel et poivre
4 cuil. à soupe d'huile d'arachide
2 piments verts, épépinés et finement hachés
1 poivron, épépiné et coupé en brunoise
1 oignon, émincé
25 g de raisins secs
6 tomates pelées, grossièrement hachées

Faire cuire la patate douce 20 minutes dans l'eau bouillante. Elle doit résister un peu à la pression d'une fourchette et ne pas s'écraser. Refroidir sous l'eau, laisser égoutter, peler et couper en gros dés de 2,5 cm environ.

Entre-temps, on aura mis la viande de porc dans un plat avec la cannelle, une bonne pincée de muscade, les clous de girofle, l'ail, le thym, le zeste et le jus de citron vert. Goûter et bien incorporer l'assaisonnement à la viande. Laisser mariner quelques heures.

Faire chauffer l'huile, mettre la viande et tous les condiments dans le wok et remuer à feu vif jusqu'à ce que la viande soit bien dorée. Retirer la viande avec une écumoire et verser dans l'huile restante le piment, le poivron et les oignons. Cuire ces légumes 5 à 7 minutes à feu moyen. Ajouter les dés de patate douce, continuer à mélanger doucement pour que la patate douce ne s'écrase pas mais soit chaude et cuite à point.

Incorporer les raisins secs et les tomates, remettre la viande dans le wok et remuer. Mouiller avec 4 cuillères à soupe d'eau et tout en remuant, ajouter ce qu'il faut d'eau pour que les ingrédients soient juteux mais pas humides. La viande doit être bien chaude, les raisins gonflés, la tomate en purée, mais la patate douce doit être un peu ferme. Goûter, assaisonner au besoin et servir rapidement.

CUISSON DU SARRASIN

Le blé noir (sarrasin) grillé a un goût de noix.
Pour 4 personnes, on met dans une casserole 200 g de sarrasin et 1/2 litre d'eau: Ajouter une pincée de sel et porter à ébullition. Couvrir la casserole, réduire le feu au maximum et laisser mijoter 30 minutes. Égrainer à la fourchette et servir.

PORC À LA CHOUCROUTE

■ Porc à la choucroute

Simple mais savoureux. Servir accompagné de pommes de terre bouillies ou cuites au four, ou de blé noir cuit à l'étuvée.

POUR 4 PERSONNES	3 cuil. à soupe d'huile
500 g de filet de porc, coupé en dés	1 oignon, haché
1 cuil. à café de paprika	1 feuille de laurier
1 gousse d'ail, écrasée	1 branche de sauge
1 cuil. à soupe de graines de cumin (facultatif)	2 pommes, coupées en dés
	500 g de choucroute, bien égouttée
Sel et poivre noir fraîchement moulu	100 ml de crème fraîche ou de yaourt à la grecque

Mélanger le porc, le paprika, l'ail et le cumin éventuellement. Assaisonner et bien malaxer de façon à ce que la viande s'imprègne de tous les parfums; on peut même la laisser mariner au réfrigérateur quelques heures - voire une nuit -, mais ce n'est pas indispensable.

Faire chauffer l'huile et revenir 3 minutes en remuant l'oignon, le laurier et la sauge. Ajouter le porc avec les ingrédients de la marinade, sans cesser de remuer, 5 minutes à feu vif. Incorporer les dés de pomme et continuer à tourner jusqu'à ce que la viande soit cuite à point. Ajouter la choucroute et laisser réchauffer quelques minutes.

Lorsque la choucroute est bien chaude, verser la crème fraîche (ou le yaourt). Goûter et rectifier si besoin l'assaisonnement; ne pas laisser cuire pour éviter à la crème (ou au yaourt) de tourner.

■ Succotash à la saucisse fumée

Autre version d'un plat sud-américain à base de haricots blancs et de maïs.

POUR 4 PERSONNES	2 x 400 g de haricots beurre en boîte,
1 noix de beurre	égouttés
150 ml de crème liquide	
1 petit oignon, finement haché	3 tomates, épluchées et coupées en dés
350 g de saucisse de porc fumée, coupée en rondelles	Sel et poivre
250 g de maïs, égoutté	2 cuil. à soupe de persil, haché

Faire fondre le beurre, puis dorer ensemble en remuant la saucisse et l'oignon, 7-8 minutes.

Ajouter le maïs, les haricots beurre et continuer à frire 5 minutes pour permettre au maïs de cuire. Pour terminer, incorporer la tomate. Cuire encore 1 minute avant d'ajouter la crème. Assaisonner. Laisser mijoter doucement sans faire bouillir, sinon la crème tournerait. Goûter et rectifier si besoin l'assaisonnement. Parsemer de persil et servir immédiatement.

BOULETTES À LA SAUCISSE

■ Boulettes à la saucisse

Pensez à cette recette, savoureuse, pour garnir des pommes de terre au four, des crêpes ou des tacos (crêpes de maïs mexicaines), ou encore du pain pita. Ce plat peut s'accompagner de yaourt nature ou de crème fraîche.

POUR 4 PERSONNES

250 g de chair à saucisse
50 g de chapelure
1 oignon, haché
50 g d'abricots secs, hachés
1 cuil. à café d'origan
Sel et poivre

4 cuil. à soupe d'huile
500 g de pommes de terre, coupées en dés
250 g de haricots verts, cuits fermes
Persil, haché

Dans une jatte, mélanger la chair à saucisse, la chapelure, l'oignon, les abricots et l'origan. Saler, poivrer. À l'aide de 2 cuillères, former des boulettes de la grosseur d'une noix (ne pas se soucier de la forme puisqu'elles risquent se défaire à la cuisson).

Faire chauffer l'huile et revenir en remuant les pommes de terre jusqu'à ce qu'elles soient dorées et croustillantes, en veillant à la température pour éviter une surchauffe de l'huile. Ajouter les boulettes et cuire en remuant à chaleur modérée. Incorporer les haricots et rissoler 3 à 5 minutes pour qu'ils soient bien chauds. Parsemer généreusement de persil et servir immédiatement.

■ Chili aux saucisses de Francfort

Un plat savoureux, rapide à préparer, à servir accompagné de riz ou de pommes de terre au four. Il est conseillé d'utiliser des saucisses de Francfort de bonne qualité. Moduler le nombre de piments en fonction du goût (si les piments sont assez doux, en prendre 4 ; s'ils sont très forts, en mettre 2).

POUR 4 PERSONNES

2 cuil. à soupe d'huile
1 gros oignon, haché
2 gousses d'ail, hachées
1 cuil. à soupe de cumin moulu
1 cuil. à soupe d'origan
Sel et poivre
2-4 piments verts, épépinés et hachés

1 poivron vert, épépiné et coupé en lamelles
8 à 12 saucisses de Francfort (selon la taille), découpées en rondelles
2 x 400 g de haricots rouges en boîte, égouttés
2 x 400 g de tomates pelées en boîte, réduites en purée

Faire chauffer l'huile et revenir en remuant l'oignon, l'ail, les piments et le poivron, 4-5 minutes. Ajouter les saucisses et continuer à cuire une dizaine de minutes, jusqu'à ce que les rondelles soient bien dorées.

Saupoudrer de cumin et d'origan. Assaisonner, puis verser les haricots et la tomate. Bien mélanger et porter à ébullition ; laisser mijoter 3 minutes sans cesser de remuer et servir de suite.

JAMBONNEAU AU CHOU-FLEUR

■ Jambonneau au chou-fleur

Une idée de recette pour accommoder un reste de jambonneau, de jambon ou d'épaule.

POUR 4 PERSONNES

1 petit chou-fleur, coupé en fleurettes	Poivre noir fraîchement moulu
500 g de jambonneau, coupé en dés	2 cuil. à soupe d'huile
2 cuil. à soupe de farine	1 gros oignon, haché
1 cuil. à soupe de graines de fenouil (facultatif)	1 feuille de laurier
	2 branches de sauge
	250 ml de jus de pomme non sucré

Plonger le chou-fleur dans une casserole d'eau bouillante. Porter de nouveau à ébullition et laisser cuire 1 minute. Égoutter et mettre de côté.

Rouler les dés de jambonneau dans la farine et les graines de fenouil éventuellement. Poivrer abondamment. Faire chauffer l'huile et ajouter le jambonneau ainsi préparé. Tourner 1 minute avant d'ajouter l'oignon, le laurier et la sauge. Bien laisser dorer les dés de jambonneau. Ajouter le chou-fleur et tourner encore 3 minutes.

Verser le jus de pomme et porter à ébullition, sans cesser de tourner. Cuire 2-3 minutes et servir immédiatement.

■ Rognons d'agneau à la moutarde

POUR 4 PERSONNES

4 cuil. à soupe de sherry sec	500 g de rognons d'agneau, coupés en deux et préparés
1 cuil. à soupe de moutarde forte	2 cuil. à soupe d'huile
1 filet de sauce Worcestershire	100 g de lard maigre, coupé en dés
1 cuil. à soupe de câpres, écrasées	1 oignon, finement haché
4 cuil. à soupe de farine	100 g de champignons de Paris, coupés en deux
1/2 cuil. à café de muscade	4 cuil. à soupe de yaourt nature
1/2 cuil. à café de thym	Persil, haché
Sel et poivre noir fraîchement moulu	

Mélanger d'une part le sherry, la moutarde, la sauce Worcestershire, les câpres et mettre de côté. De l'autre, mélanger la farine, la muscade, le thym, le sel et le poivre, rouler dans ce mélange les moitiés de rognons.

Faire chauffer l'huile et dorer en remuant le lard et l'oignon 7-8 minutes. Ajouter les rognons et saisir environ 6 minutes jusqu'à ce qu'ils soient bien dorés. Incorporer les champignons et cuire 5 minutes. Verser le mélange à base de sherry. Faire mijoter sans cesser de tourner jusqu'à ce que la sauce frémisse et que les rognons soient cuits à point.

Servir les rognons sur une assiette, accompagnés de yaourt nature. Parsemer de persil.

ROGNONS D'AGNEAU À LA MOUTARDE

■ Foie d'agneau au paprika

Servir sur des pâtes, accompagné d'une salade verte.

POUR 4 PERSONNES

4 cuil. à soupe de farine
1 cuil. à soupe de paprika
Sel et poivre noir fraîchement
   moulu
400 g de foie d'agneau, découpé
   en lamelles
1 noix de beurre
2 cuil. à soupe d'huile
1 gousse d'ail, écrasée

1 oignon, finement émincé
1 poivron rouge, épépiné et
   coupé en lamelles
1 poivron vert, épépiné et
   coupé en lamelles
100 ml de bouillon de volaille
400 g de tomates pelées en boîte,
   réduites en purée
12 olives vertes farcies
   au piment, émincées

Mélanger la farine, le paprika et assaisonner copieusement. Rouler les lamelles de foie dans ce mélange. Faire chauffer le beurre et l'huile, puis revenir 8 minutes en remuant l'ail, l'oignon et les poivrons. Repousser ce mélange sur le côté du wok et saisir les lamelles de foie jusqu'à ce qu'elles soient bien colorées et cuites à point.

   Verser le bouillon et la purée de tomates, porter à ébullition en tournant régulièrement. Laisser mijoter 5 minutes en tournant de temps à autre. Goûter pour vérifier l'assaisonnement, incorporer les olives.

FLAGEOLETS AUX ÉPINARDS

Flageolets aux épinards

Ce plat sans viande, simple, est idéal lorsque l'on n'a pas envie de rester des heures devant les fourneaux.

POUR 4 PERSONNES

500 g d'épinards frais, équeutés
1 noix de beurre
2 cuil. à soupe d'huile d'olive
6 oignons nouveaux, hachés
2 x 400 g de flageolets en boîte, égouttés
250 g de feta, émiettée

2 petites courgettes, épluchées, coupées en rondelles
2 cuil. à soupe de menthe fraîche, hachée
Feuilles de basilic
Sel et poivre noir fraîchement moulu

Mettre les épinards lavés mais non égouttés dans une casserole. Couvrir et cuire 5 minutes à feu vif en secouant la casserole régulièrement, tourner et laisser cuire 2 minutes, pour que les feuilles ramollissent. Égoutter puis remettre dans la casserole, ajouter la noix de beurre. Couvrir et conserver au chaud à basse température.

Faire chauffer l'huile et revenir 5 minutes en remuant les oignons, les flageolets et les courgettes qui doivent rester fermes. Incorporer la menthe, le basilic, la feta et assaisonner. Dresser les épinards sur un plat ou directement sur les assiettes, recouvrir du mélange de légumes. Servir aussitôt.

Foie d'agneau à la sultane

POUR 4 PERSONNES

200 g de sarrasin grillé, cuit (voir encadré p. 32)
1 petite aubergine, coupée en dés
Sel et poivre noir fraîchement moulu
2 gousses d'ail, écrasées
4 cuil. à soupe d'huile d'olive

350 g de foie d'agneau, coupé en lamelles
4 clous de girofle
1 bâton de cannelle
3 cuil. à soupe de pignons
50 g de raisins de Smyrne
2 cuil. à café d'origan
500 g de tomates, épluchées et coupées en quartiers

Cuire le sarrasin, couvrir et mettre de côté prêt à servir. Mettre les aubergines dans une passoire et saupoudrer de sel. Laisser dégorger 15 minutes, rincer et éponger sur un papier absorbant.

Faire chauffer l'huile et revenir, en remuant environ 3 minutes, les lamelles de foie, l'ail, les clous de girofle et la cannelle. Ajouter l'aubergine, les pignons, les raisins et l'origan. Assaisonner. Continuer à tourner jusqu'à ce que le foie soit cuit à point ; l'aubergine ne doit pas être trop molle. Incorporer la tomate et cuire encore 5 minutes, pour que tous les parfums soient bien amalgamés.

Disposer le sarrasin sur un plat ou directement sur les assiettes. Napper de la préparation et servir.

PLATS UNIQUES

Ce chapitre comporte un certain nombre de plats
suffisamment équilibrés pour constituer un repas
complet et satisfaire les appétits les plus exigeants.
On y trouve des croquettes de poisson accompagnant
des pâtes, une recette d'agneau à la menthe et aux
lentilles, convenant pour un dîner improvisé entre
amis, des choux de Bruxelles au salami, qui
conviendront mieux à un soir de semaine où le
temps manque.

    Même si ces plats se veulent complets, une petite
salade ne sera jamais de trop et un bon pain (pain
de campagne, aux céréales, complet, pita) sera
toujours le bienvenu.

    Si vous préparez pour plusieurs personnes,
assurez-vous que votre wok (poêle ou poêlon) peut
contenir tous les ingrédients. Si vous ne voulez pas le
poser sur la table, présentez son contenu dans un
saladier ou sur un plat.

    Toutes ces recettes se prêtent bien à l'usage de
baguettes, qui peuvent remplacer ou accompagner les
fourchettes.

POISSON DORÉ AUX POMMES DE TERRE

■ Poisson doré aux pommes de terre

POUR 4 PERSONNES

4 cuil. à soupe de farine
1/2 cuil. à café de safran
1 zeste de citron, râpé
Sel et poivre blanc fraîchement moulu
250 g de haricots verts, blanchis et égouttés

1 petit oignon, finement haché
3 cuil. à soupe d'huile
500 g de cabillaud, de lotte ou autre poisson à chair blanche, coupé en dés
2 branches de céleri, émincées
700 g de pommes de terre, bouillies

Mélanger la farine, le safran et le zeste de citron, saler, poivrer copieusement. Rouler les morceaux de poisson dans ce mélange pour qu'ils soient bien enrobés.

Faire chauffer l'huile et revenir en remuant le céleri et l'oignon, environ 7 minutes. Ajouter les haricots et les pommes de terre, continuer à cuire 5 à 7 minutes sans cesser de remuer, jusqu'à ce que les légumes soient tendres.

Repousser les légumes sur le côté du wok, ajouter le poisson. Dorer les morceaux de poisson à température modérée, en prenant soin de ne pas les casser. Mélanger délicatement tous les ingrédients et servir immédiatement.

■ Boulettes de poisson aux pâtes chinoises

POUR 4 PERSONNES

500 g de poisson à chair blanche, coupé en cubes
3 cuil. à soupe de farine
1 blanc d'œuf
Sel et poivre blanc fraîchement moulu
350 g de pâtes chinoises aux œufs
3 cuil. à soupe d'huile
4 lamelles de gingembre frais

1 brin de citronnelle (ou 1 zeste de citron)
1 branche de céleri, finement émincée en diagonale
1 botte d'oignons nouveaux, hachés
100 g de pois gourmands
3 cuil. à soupe de sauce soja (tamari)
3 cuil. à soupe de sherry sec

Réduire le poisson en purée. Incorporer la farine et le blanc d'œuf pour faire une pâte, assaisonner. Avec les mains mouillées, pétrir soigneusement pour mélanger les ingrédients, puis former des boulettes.

Mettre les pâtes dans le wok et couvrir d'eau bouillante. Porter à ébullition 2 minutes, égoutter et réserver.

Chauffer l'huile et rissoler 1 minute en remuant le gingembre et la citronnelle (ou le zeste de citron), placer les boulettes de poisson. Faire revenir en tournant jusqu'à ce qu'elles soient fermes et dorées. Ajouter le céleri, les oignons, les pois gourmands et continuer à tourner 5 à 8 minutes, pour attendrir les légumes.

Incorporer les pâtes, la sauce soja, le sherry et remuer à feu vif pour réchauffer les pâtes. Servir.

■ Pâtes à la mode Sichuan

POUR 4 PERSONNES

1 cuil. à soupe de farine
2 cuil. à soupe de sherry sec
4 cuil. à soupe de bouillon
   de volaille
4 cuil. à soupe de sauce soja
   (tamari)
4 cuil. à soupe d'huile
2 piments verts, épépinés
   et hachés
2 gousses d'ail, hachées
1 morceau de gingembre (5 cm),
   épluché et émincé

350 g de pâtes chinoises aux œufs
250 g de filet de porc, coupé en
   fines lamelles
1 poivron rouge, épépiné et coupé
   en petites lamelles
1 botte d'oignons nouveaux,
   émincés en diagonale
200 g de pousses de bambou en
   boîte, coupées en lamelles
1 tranche de chou chinois de
   2,5 cm d'épaisseur, séparée
   en feuilles

Mettre les pâtes dans le wok et couvrir d'eau bouillante, porter à ébullition, cuire 2 minutes égoutter. Tandis que les pâtes cuisent, mélanger la farine avec le sherry, le bouillon et la sauce soja, puis réserver.

Essuyer le wok, faire chauffer l'huile. Étaler les pâtes en une couche mince et les frire jusqu'à ce qu'elles soient bien croquantes en dessous et qu'elles forment une sorte de galette. À l'aide d'une large spatule, retourner et faire dorer l'autre face. Déposer la galette sur un plat et maintenir au chaud.

Faire revenir à feu vif les piments, l'ail, le gingembre et le porc, jusqu'à ce que tout soit bien doré. Ajouter le poivron, les oignons nouveaux et rissoler encore 2 minutes avant de mettre les pousses de bambou et de les réchauffer 1 minute.

Incorporer le mélange à base de farine, porter à ébullition sans cesser de remuer et laisser cuire 30 secondes. Ajouter le chou chinois, tourner 1 minute juste pour le réchauffer.

Verser cette préparation sur les pâtes et servir immédiatement.

■ Agneau aux pois chiches et au fenouil

L'agneau et les pois chiches se marient très bien, le fenouil apporte une note subtile à une viande savoureuse.

POUR 4 PERSONNES

Sel et poivre noir fraîchement moulu
400 g d'agneau maigre (tranches de gigot), coupé en fines lamelles
1 pincée de muscade, fraîchement râpée
1 cuil. à café d'origan
3 branches de romarin
1 gousse d'ail, hachée (facultatif)
100 ml de vin rouge
3 cuil. à soupe d'huile d'olive
1 oignon, haché
2 bulbes de fenouil, finement émincés
2 x 400 g de pois chiches en boîte, égouttés
4 cuil. à café d'arrow-root
4 cuil. à soupe d'eau

Saler et poivrer l'agneau, ajouter la muscade, l'origan, le romarin et l'ail. Verser le vin, couvrir et laisser mariner 2 à 3 heures, une nuit si possible.

Faire chauffer l'huile et revenir l'oignon 5 minutes. Placer la viande en réservant la marinade, la dorer à feu vif en tournant. Ajouter le fenouil et tourner 10 minutes, en réduisant la température pour éviter que la viande ne soit trop cuite. Le fenouil doit rester croquant.

Mettre les pois chiches et réchauffer 2 à 3 minutes. Verser la marinade et porter à ébullition sans cesser de remuer. Laisser mijoter 2 minutes.

Mélanger l'arrow-root dans l'eau, puis l'incorporer à la préparation. Tourner à température moyenne jusqu'à ce qu'il se forme une sorte de glaçage. Retirer vite du feu, sinon l'arrow-root redevient liquide. Servir immédiatement, accompagné de pain.

■ Boulettes de poulet au vermicelle chinois

J'ai eu l'idée de cette recette après un repas japonais où j'avais préparé un peu trop de boulettes de poulet. Je les ai donc accommodées au wok avec du vermicelle chinois, des pois gourmands, du concombre et d'autres restes.

POUR 4 PERSONNES

3 blancs de poulet, hachés sans la peau
4 cuil. à soupe de farine
3 cuil. à soupe de saké ou de sherry sec
5 cuil. à soupe de sauce soja (shoyu de préférence)
1 œuf
1 botte d'oignons nouveaux
Sel et poivre
2 cuil. à café de sucre
250 g de vermicelle chinois
3 cuil. à soupe d'huile d'arachide
2 carottes, coupées en fines lamelles dans le sens de la longueur
250 g de pois gourmands
1/2 concombre, épluché, coupé par moitié, puis en lamelles dans le sens de la longueur

Hacher les blancs de poulet au mixeur ou, si l'on dispose d'une planche à découper et d'un bon couteau de cuisine, à la main comme un vrai professionnel.

Mélanger la farine à la viande et bien malaxer. Verser 1 cuillerée à soupe de saké ou de sherry, 1 de sauce soja et mélanger l'œuf. Ajouter le blanc de 2 oignons nouveaux finement hachés, assaisonner. À ce stade, la préparation peut paraître un peu molle, ce n'est pas grave car l'excès d'humidité s'éliminera à la cuisson. Couvrir d'un film alimentaire et mettre au frais 30 minutes en bas du réfrigérateur, ou 15 minutes au freezer.

Porter à ébullition, 1 minute, le reste de saké et de sauce soja avec le sucre, puis mettre de côté dans un bol en essayant de tout récupérer à la spatule. Pour cette opération, utiliser de préférence une petite casserole car, dans une poêle ou dans le wok, le liquide s'évapore trop vite.

Couper le reste des oignons en diagonale. Mettre le vermicelle dans le wok et couvrir d'eau bouillante. Cuire 1 à 2 minutes, juste pour l'attendrir. Égoutter et rincer à l'eau froide.

Se mouiller les mains à l'eau froide et malaxer des boulettes de viande de la grosseur d'une noix (elles n'ont pas besoin d'avoir un contour parfait).

Faire chauffer l'huile et frire les boulettes à température moyenne, jusqu'à ce qu'elles soient bien dorées. Au départ, elles sont fragiles, il faut les retourner délicatement. Une fois cuites, retirer les boulettes à l'aide d'une écumoire et les ajouter à la sauce, les tourner dedans pour qu'elles soient bien enrobées.

Mettre dans le wok les carottes, les pois gourmands, les oignons nouveaux et rissoler 3 minutes en tournant, ajouter le concombre. Laisser cuire 2 minutes. Incorporer le vermicelle chinois ; s'il est collé, le passer sous l'eau froide et le secouer pour l'égoutter. Chauffer 1 minute. Remettre les boulettes de poulet dans le wok, mélanger et servir immédiatement.

■ Choux de Bruxelles au salami

POUR 4 PERSONNES

2 cuil. à soupe de concentré de tomates
4 cuil. à soupe de vin rouge
2 cuil. à soupe d'eau
2 cuil. à soupe d'huile
500 g de choux de Bruxelles, coupés en 2
2 feuilles de laurier
1 petit oignon, finement émincé
1 poivron vert, épépiné et coupé en lamelles
Sel et poivre noir fraîchement moulu
100 g de salami (italien de préférence), coupé en lamelles
2 x 400 g de haricots rouges en boîte, égouttés

Mélanger le concentré de tomates, le vin et l'eau, pour confectionner une sorte de glaçage destiné à être versé en fin de cuisson.

Faire chauffer l'huile et revenir en tournant les choux de Bruxelles, l'oignon, le poivron, le laurier, 10 minutes à température moyenne, pour permettre aux choux de Bruxelles de cuire. Assaisonner. Ajouter le salami, augmenter la température et cuire encore 2 minutes avant d'ajouter les haricots rouges et le concentré de tomates.

Remuer 2 à 3 minutes pour réchauffer les haricots. Goûter et rectifier éventuellement l'assaisonnement. Servir aussitôt avec du pain.

CHOUX DE BRUXELLES AU SALAMI

■ Lapin à la moutarde

Voilà un plat sans prétention qui améliore le quotidien.

Pour 4 personnes

1/2 baguette
4 cuil. à soupe d'huile d'olive
50 g de beurre
1 bouquet de persil, haché
2 cuil. à soupe de menthe, haché
500 g de lapin, coupé en cubes
1 cuil. à soupe de farine
4 cuil. à soupe de moutarde
 à l'ancienne

Sel et poivre noir fraîchement
 moulu
3 cuil. à soupe d'huile
1 kg de pommes de terre,
 coupées en dés
250 g de petits oignons
1 carotte, coupée en dés
250 g de petits pois (frais
 ou surgelés)
250 ml de bouillon de volaille

Faire chauffer l'huile, le beurre et frire les tartines de pain (2,5 cm d'épaisseur), en ayant soin de les retourner sans cesse pour qu'elles n'absorbent pas toute l'huile. Ajouter le persil, la menthe (facultative) et bien mélanger au pain. Mettre de côté.

Rouler les morceaux de viande dans la farine, les enrober avec la moutarde. Saler, poivrer. Faire chauffer l'huile et revenir en tournant les pommes de terre 5 minutes. Ajouter les oignons et la carotte, continuer à remuer jusqu'à ce que les pommes de terre soient dorées. Placer la viande et remuer jusqu'à ce que tous les morceaux soient légèrement dorés.

Incorporer les petits pois. S'il s'agit de petits pois surgelés, cuire 2 à 3 minutes avant d'ajouter le bouillon. Porter à ébullition sans cesse de remuer pour que la moutarde épaississe légèrement le liquide. Laisser mijoter 2 à 3 minutes, goûter et rectifier l'assaisonnement si nécessaire. Servir immédiatement sur un plat.

■ Riz sauté aux crevettes

Par leur consistance croquante, les châtaignes d'eau (macles) apportent un agréable contraste à ce plat à base de riz.

POUR 4 PERSONNES

250 g de riz long, cuit
3 cuil. à soupe d'huile
1 cuil. à café d'huile de sésame
3 œufs, battus
1 botte d'oignons nouveaux, coupés en lanières

200 g de châtaignes d'eau en boîte, égouttées et émincées
100 g de petits pois surgelés
350 g de crevettes décortiquées
3 cuil. à soupe de sauce soja (tamari)
Crevettes entières pour décorer

Le riz doit être cuit. Faire chauffer les huiles et revenir en tournant les oignons, les châtaignes d'eau et les petits pois 3 à 5 minutes. Ajouter les crevettes décortiquées et tourner encore 1 minute.

Réduire la température, verser les œufs dans le wok et les cuire jusqu'à ce qu'ils soient à moitié pris. S'ils sont trop liquides, ils ont tendance à enrober le riz et à le ramollir. Si on les laisse prendre avant d'ajouter le riz, ils seront trop cuits et caoutchouteux.

Incorporer le riz dans le wok et bien malaxer avec tous les ingrédients. Si le riz est très chaud, il finira de cuire l'œuf. Verser la sauce soja et servir immédiatement sur un plat, décorer avec les crevettes entières.

RIZ AU PORC ET AUX DEUX POIVRONS

■ Riz au porc et aux deux poivrons

POUR 4 PERSONNES

3 cuil. à soupe d'huile
1 gros oignon, finement émincé
350 g de porc maigre, coupé en fines lamelles
1 poivron rouge et 1 poivron vert, épépinés et coupés en lamelles

Sel et poivre noir fraîchement moulu
1 pincée de muscade
Zeste râpé d'une orange
100 g de riz long grain et 100 g de riz sauvage, venant d'être cuits

Faire chauffer l'huile et revenir l'oignon 2 minutes, ajouter la viande de porc. Monter la température pour saisir les lamelles de viande. Ajouter les poivrons, la muscade, le zeste d'orange. Assaisonner. Réduire légèrement la température et continuer à tourner 3 à 5 minutes pour permettre aux poivrons de cuire.

Incorporer tout le riz et laisser cuire encore quelques minutes pour que les différents goûts se combinent bien. Si le riz est froid, il doit être réchauffé ; c'est pourquoi il est préférable de le cuire juste au moment de la préparation.

■ Porc cinq-épices aux pâtes chinoises

POUR 4 PERSONNES

500 g de porc maigre, finement émincé
1/2 cuil. à café de cinq-épices en poudre
2 oignons nouveaux, finement émincés
Sel et poivre noir fraîchement moulu
1 gousse d'ail, écrasée

250 g de pâtes chinoises aux œufs
4 cuil. à soupe d'huile d'arachide
250 g de pousses de bambou en boîte, émincées
250 g de pois gourmands
3 cuil. à soupe de sauce soja (tamari)
2 cuil. à soupe de graines de sésame, grillées

Malaxer la viande avec le cinq-épices, l'ail et les oignons nouveaux, assaisonner. Couvrir et laisser mariner au moins une heure, voire une nuit.

Couvrir les pâtes d'eau bouillante, porter à ébullition et cuire 2 minutes. Égoutter et rincer à l'eau froide.

Faire chauffer l'huile et revenir en tournant le porc jusqu'à ce qu'il soit bien doré. Ajouter les pousses de bambou, les pois gourmands, et tourner 3 à 4 minutes pour cuire les légumes. Repousser la viande sur le côté du wok pour mettre les pâtes. Tourner 2 minutes pour les réchauffer, puis incorporer les derniers ingrédients, la sauce soja et les graines de sésame. Laisser cuire 1 minute. Servir immédiatement.

PORC CINQ-ÉPICES AUX PÂTES CHINOISES

■ Lentilles aux champignons et amandes

Un savoureux plat végétarien, tout indiqué quand on en a assez de la viande.

POUR 4 PERSONNES

250 g de lentilles vertes du Puy, cuites
500 g de champignons de Paris, émincés
1 cuil. à café de noix de muscade râpée
4 cuil. à soupe d'huile d'olive
75 g d'amandes, effilées
1 noix de beurre
250 g de pleurotes
4 cuil. à soupe de ciboulette, hachée
Sel et poivre

Cuire les lentilles un peu à l'avance, les égoutter et les garder au chaud jusqu'au moment de l'utilisation.

Assaisonner les champignons et saupoudrer de muscade. Faire chauffer l'huile et dorer à feu vif les champignons en tournant, jusqu'à ce que les champignons et le jus réduisent : le goût se trouve ainsi concentré et renforcé. À l'aide d'une écumoire, retirer les champignons et les mélanger aux lentilles. Couvrir. Frire les amandes dans l'huile restante puis les incorporer aux lentilles.

Faire fondre le beurre et revenir en tournant les pleurotes, 1 à 2 minutes (attention, trop cuits, ils s'écrasent). Ajouter la ciboulette. Verser les lentilles sur un plat et les pleurotes par-dessus. Servir immédiatement.

■ Agneau à la menthe et aux légumes

POUR 4 PERSONNES

500 g de filet d'agneau, coupé en cubes
2 cuil. à soupe de farine
Sel et poivre noir fraîchement moulu
2 cuil. à soupe d'huile
1 noix de beurre
250 g de petits oignons nouveaux

1 kg de petites pommes de terre nouvelles, bouillies
250 g de pois gourmands
250 ml de vin blanc sec
4 cuil. à soupe de menthe fraîche, hachée
1 endive, coupée en lanières
Feuilles de menthe pour décorer

Enrober de farine les cubes de viande et assaisonner. Faire chauffer l'huile et le beurre, dorer légèrement les oignons en remuant une dizaine de minutes. Mettre la viande et continuer à remuer 8 à 10 minutes.

Ajouter les pommes de terre et les pois gourmands, tourner 5 minutes pour cuire. Verser le vin et porter à ébullition. Laisser bouillir 2 minutes sans cesser de tourner, pour bien glacer les ingrédients. Goûter et rectifier l'assaisonnement si nécessaire.

Incorporer la menthe juste avant de servir sur un lit d'endives, soit dans un plat, soit directement dans les assiettes. Décorer de feuilles de menthe.

AGNEAU À LA MENTHE ET AUX LÉGUMES

POIS CHICHES AU POULET

■ Pois chiches au poulet

Une façon astucieuse et savoureuse d'accommoder un reste de poulet, ou une autre viande froide.

POUR 4 PERSONNES

1 cœur de laitue, coupé en lanières
1 morceau de concombre (5 cm), coupé en dés
1 botte de radis, émincés
2 cuil. à soupe de graines de sésame, grillées
4 cuil. à soupe d'huile d'olive
2 x 400 g de pois chiches en boîte, égouttés
500 g de poulet cuit, coupé en dés

6 cuil. à soupe de tahineh
4 cuil. à soupe de ciboulette, hachée
2 cuil. à soupe de persil, haché
2 avocats, pelés et coupés en morceaux
50 g d'olives noires, dénoyautées et coupées en deux
Sel et poivre noir fraîchement moulu
1 citron, coupé en quartiers

Mélanger la laitue, le concombre, les radis, les graines de sésame, puis dresser cette salade autour d'un plat ou de 4 assiettes.

Faire chauffer l'huile et revenir 5 minutes en tournant les pois chiches et le poulet. Incorporer soigneusement le tahineh pour qu'il se combine à l'huile, bien enrober les ingrédients. Ajouter les aromates, l'avocat, les olives. Assaisonner. Mettre dans un plat ou des assiettes et décorer de quartiers de citron.

47

■ Tacos farcis au porc

POUR 4 PERSONNES

2 cuil. à soupe d'huile
1 oignon, haché
1 poivron vert, épépiné et
coupé en dés
2 branches de céleri, finement
émincées
Sel
1 pincée de poivre
de Cayenne
400 g de haricots rouges
en boîte, égouttés
250 g de porc, haché
400 g de tomates pelées
en boîte, concassées
Tabasco
2 avocats, pelés et découpés en dés
Jus et zeste râpé d'un citron vert
8 tacos
Salade, coupée en lanières

Faire chauffer l'huile et dorer en remuant l'oignon, le poivron, le céleri. Ajouter la viande, assaisonner et frire.

Incorporer les haricots rouges, la tomate, tourner encore 5 minutes. Aromatiser de tabasco, puis retirer le wok du feu.

Malaxer l'avocat avec le jus et le zeste de citron vert. Garnir chaque taco de viande et ajouter par-dessus des morceaux d'avocat. Dresser les tacos ainsi garnis sur le lit de salade et servir immédiatement.

■ Aubergines au bacon et aux noix

POUR 4 PERSONNES

2 grosses aubergines, épluchées
et coupées en cubes
Sel et poivre noir fraîchement
moulu
6 cuil. à soupe d'huile d'olive
3 poireaux, finement émincés
250 g de bacon, coupé en dés
75 g de cerneaux de noix
250 g de champignons de Paris,
coupés en deux
Persil haché ou feuilles de basilic

Mettre les aubergines dans une passoire posée sur un saladier, saler et laisser dégorger 15 minutes. Rincer et éponger sur un papier absorbant.

Faire chauffer l'huile et revenir le poireau 5 minutes en tournant. Mettre les aubergines et continuer à tourner ; elles doivent se colorer sur les bords, s'attendrir mais pas devenir trop molles. Incorporer le bacon et les cerneaux de noix, cuire à point sans cesser de tourner.

Ajouter les champignons, assaisonner, puis tourner encore 3 minutes. Goûter et servir saupoudré de persil ou de basilic. Accompagner de pain pita.

■ Tofu aux pâtes chinoises

4 champignons chinois séchés
4 cuil. à soupe de sauce soja (tamari)
2 cuil. à soupe de sherry sec
1 gousse d'ail, écrasée
1 pincée de cinq-épices
250 g de tofu, découpé en dés
2 cuil. à café de farine
250 g de pâtes chinoises aux œufs
3 cuil. à soupe d'huile d'arachide

1 petite carotte, coupée en allumettes
1 poivron jaune, coupé en lamelles
6 oignons nouveaux, émincés en biais
200 g de châtaignes d'eau en boîte (macles), égouttées et émincées
250 g de germes de soja

Faire tremper les champignons 20 minutes dans de l'eau chaude, en plaçant une soucoupe ou une tasse par-dessus pour les maintenir immergés.

Mélanger la sauce soja, le sherry, l'ail et le cinq-épices. Napper le tofu de ce mélange et mettre de côté.

Égoutter les champignons en conservant le liquide. Retirer les queues, un peu dures, et couper les têtes en lamelles. Mélanger la farine au jus de trempage pour en faire une pâte.

Placer les pâtes dans le wok et couvrir d'eau bouillante. Porter à ébullition et cuire 2 minutes, égoutter puis mettre sur un plat préchauffé. Recouvrir d'une feuille d'aluminium et maintenir au chaud.

Faire chauffer l'huile. Égoutter les dés de tofu en versant le jus sur la pâte, dorer sur toutes les faces en prenant soin de ne pas les émietter ; une fois frits et croquants, il sont moins fragiles.

Ajouter la carotte, le poivron, les champignons, les oignons nouveaux ; faire revenir en tournant. Incorporer les châtaignes d'eau et tourner 2 à 3 minutes pour les réchauffer.

Verser le mélange à base de farine, porter à ébullition, laisser mijoter 1 minute. Ajouter les germes de soja et réchauffer 1 à 2 minutes. Verser cette préparation sur les pâtes et servir immédiatement.

■ Curry de porc aux haricots rouges

La qualité du curry est déterminante ; il faut donc être vigilant à l'achat.

500 g de porc maigre
3 cuil. à soupe d'huile
1 gros oignon, finement émincé
2 x 400 g de haricots rouges en boîte, égouttés
3 cuil. à soupe de feuilles de coriandre

MARINADE
Sel et poivre noir fraîchement moulu
1 cuil. à soupe de curry en poudre
1 morceau de gingembre (2,5 cm), râpé
1 oignon, haché
2 gousses d'ail, hachées
1 cuil. à soupe de concentré de tomates
Jus d'un citron
1 yaourt nature

Mettre la viande dans une jatte et tous les ingrédients de la marinade. Bien malaxer, couvrir et laisser mariner une nuit.

Égoutter la viande en conservant la marinade. Faire chauffer l'huile, puis dorer les oignons 15 minutes. Incorporer la viande et cuire à point en tournant. Ajouter les haricots rouges et le jus de la marinade, cuire 15 minutes sans cesser de remuer. Servir immédiatement, décoré de coriandre fraîche.

CURRY DE PORC AUX HARICOTS ROUGES

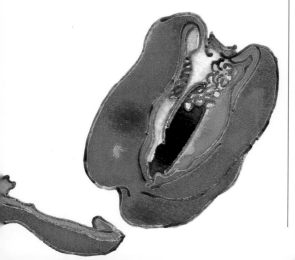

■ Crêpes végétariennes

Si l'on ne veut pas faire des crêpes, on peut servir les légumes dans un falafel, ou en garniture avec des pommes de terre au four.

POUR 4 PERSONNES

2 carottes, coupées en allumettes
2 poireaux, coupés en lamelles courtes
1/2 céleri rave, coupé en allumettes
1 poivron jaune ou rouge, épépiné et coupé en lamelles courtes
250 ml de cidre brut
100 g d'abricots secs, émincés
2 branches d'estragon (feuilles)
1 feuille de laurier
2 cuil. à soupe d'huile d'olive

50 g d'amandes effilées
2 courgettes, coupées en lamelles courtes
175 g de fromage à l'ail et aux herbes

PÂTE À CRÊPES

75 g de farine complète
Sel et poivre
2 œufs
30 ml de lait
1 cuil. à soupe d'huile
Huile pour cuisson

Dans un plat, mélanger les carottes, les poireaux, le céleri et le poivron. Ajouter le cidre, les abricots, le romarin, le laurier, couvrir et laisser mariner.

Pendant ce temps, préparer les crêpes : pour la pâte, mélanger dans un bol la farine, le sel et le poivre. Creuser une fontaine au milieu, ajouter les œufs et battre doucement en incorporant peu à peu le lait pour obtenir une pâte lisse. Si possible, laisser reposer 20 minutes.

Au moment de faire les crêpes, ajouter 1 cuillerée à soupe d'huile. Si la pâte s'est épaissie en reposant, rajouter un peu d'eau.

Pour éviter qu'elles n'attachent entre elles, intercaler une feuille de papier sulfurisé entre les crêpes et couvrir la pile d'une feuille de papier aluminium pour les maintenir chaudes.

Égoutter les légumes en conservant le jus de la marinade. Chauffer l'huile d'olive et dorer les amandes effilées. Ajouter les légumes et faire revenir en tournant le temps d'attendrir le poireau et le céleri. Mettre les courgettes, cuire 3 à 5 minutes sans cesser de remuer, puis verser le jus de la marinade. Vérifier l'assaisonnement.

Porter à ébullition, incorporer le fromage aux herbes et retirer le wok du feu.

Garnir chaque crêpe, plier en 4 et dresser sur un plat ou directement sur les assiettes. Ajouter le restant de légumes, puis la sauce et servir immédiatement.

■ Salade bacon et champignons

Insolite, intéressant et délicieux.

POUR 4 PERSONNES

1 endive, émincée	250 g de bacon, coupé en dés
1 oignon rouge, émincé	1 gousse d'ail, écrasée
4 tomates, coupées en quartiers	250 g de champignons de Paris
6 cuil. à soupe d'huile d'olive	Sel et poivre noir fraîchement moulu
1 morceau de baguette, coupé en dés	Persil, haché
	1 citron, coupé en quartiers

Préparer une salade avec l'endive, l'oignon et la tomate, mettre sur les assiettes ou sur un plat.

Faire chauffer l'huile, l'ail et dorer légèrement les morceaux de pain. Ajouter le bacon et cuire à point sans cesser de remuer. Incorporer les champignons. Saler, poivrer, ajouter le persil et cuire 2 minutes. Dresser sur les assiettes ou sur le plat. Décorer de quartiers de citron.

■ Aubergines au boulghour

Ce plat, chaud, s'inspire du taboulé.

POUR 4 PERSONNES

2 belles aubergines, coupées en dés	4 cuil. à soupe de pignons
Sel et poivre noir fraîchement moulu	1 gousse d'ail, écrasée
250 g de boulghour	4 cuil. à soupe de raisins secs
3 cuil. à soupe d'huile d'olive (environ)	1 botte d'oignons nouveaux, émincés
1 cuil. à café d'origan (ou de marjolaine)	4 cuil. à soupe de menthe fraîche, hachée
	1 citron, coupé en quartiers
	Feuilles de menthe pour décorer

Mettre les aubergines dans une passoire, saler et laisser dégorger 20 minutes. Placer le boulghour dans une jatte, couvrir d'eau froide et laisser tremper 15 minutes.

Rincer et égoutter les aubergines. Faire chauffer une partie de l'huile d'olive, ajouter l'ail puis frire les aubergines en complétant d'huile, si nécessaire, jusqu'à ce qu'elles soient colorées. Ajouter la marjolaine, les pignons, les raisins secs et cuire 1 à 2 minutes sans cesser de tourner.

Égoutter le boulghour et verser dans le wok pour réchauffer quelques minutes. Incorporer les oignons et la menthe. Avant de servir, décorer de quartiers de citron et de feuilles de menthe.

■ Crevettes au safran avec pitas

On peut servir ce plat accompagné de nans (galettes indiennes) ou de pita.

POUR 4 PERSONNES

2 cuil. à café de safran	1 cuil. à soupe de graines de cumin
1 gousse d'ail, hachée	Sel et poivre noir moulu
1 morceau de gingembre frais (5 cm), haché	500 g de crevettes décortiquées
6 cardamomes vertes, concassées	4 nans ou pitas
2 feuilles de laurier	50 g de beurre
1 bâton de cannelle, haché	1 gros oignon, finement émincé
4 cuil. à soupe de graines de coriandre	100 g de petits pois surgelés
	4 cuil. à soupe de coriandre fraîche, hachée
	1 citron, coupé en quartiers
	Feuilles de coriandre pour décorer

Mélanger le safran à 2 cuillerées à soupe d'eau bouillante. Ajouter l'ail, le gingembre, la cardamome, le laurier, la cannelle, la coriandre, le cumin. Saler, poivrer. Verser ce mélange sur les crevettes. Malaxer et laisser mariner 1 heure ou plus.

Réchauffer les nans au gril à température moyenne. Faire fondre le beurre dans le wok et revenir l'oignon 5 minutes. Puis ajouter les crevettes, les petits pois et frire 5 à 7 minutes sans cesser de remuer. Dresser sur les assiettes, saupoudrer de coriandre hachée. Présenter avec un quartier de citron et des feuilles de coriandre.

CREVETTES AU SAFRAN

■ Couscous au jambon et au chou

C'est une façon insolite de préparer le couscous, mais le succès est garanti.

POUR 4 PERSONNES

250 g de couscous
3 cuil. à soupe d'huile d'olive
1 gros oignon, finement émincé
500 g de chair de citrouille (ou potiron), coupée en dés
2 branches de thym
1/2 chou, coupé en lanières

350 g de jambon cuit, coupé en lamelles
4 grosses tomates, pelées et coupées en quartiers
Sel et poivre noir fraîchement moulu
50 g de beurre, fondu
Persil, haché

Mettre le couscous dans une jatte et recouvrir d'eau bouillante. Couvrir et laisser gonfler 15 minutes.

Faire chauffer l'huile, puis revenir en tournant l'oignon, la citrouille (ou le potiron), le thym, 6 à 8 minutes.

Ajouter le chou et cuire légèrement. Incorporer le jambon, les tomates et tourner le temps de les réchauffer. Assaisonner.

Sur le couscous bien gonflé, mettre le beurre fondu et malaxer avec une fourchette. Verser le couscous sur un plat et le chou par-dessus. Saupoudrer abondamment de persil et servir immédiatement.

PLATS DE FÊTE

Afin de prouver que le wok peut produire des
résultats étonnants, j'ai intégré dans ce chapitre des
recettes qui enchanteront vos dîners en famille ou
entre amis.

Si vous avez des invités, concentrez-vous sur la
préparation de votre plat au wok ; ne vous inquiétez
pas pour les garnitures qui, elles, peuvent être
préparées à l'avance : par exemple, un légume
gratiné qu'il suffira de glisser dans le four, du riz ou
des pâtes. Si vous optez pour cette dernière solution,
choisissez des pâtes fraîches qui demandent moins de
temps de cuisson ; cuisez-les peu avant de servir les
hors-d'œuvre, dressez-les sur un plat et gardez-les au
chaud au four.

N'oubliez pas que l'esthétique a son importance,
le plaisir de l'œil complète tout naturellement celui
du palais ; ne négligez pas les décorations que vous
pouvez préparer également à l'avance.

■ Saumon à l'indienne

On peut utiliser des darnes à la place des filets et un morceau près de la queue, moins cher. Pour l'accompagnement, pensez à un riz sauvage aromatisé de coriandre fraîche, qui ajoute une certaine texture et un parfum très agréable.

POUR 4 PERSONNES

1 kg de filet de saumon
10 cardamomes vertes
1 cuil. à soupe de coriandre moulue
Jus et zeste râpé d'un citron vert
1 gousse d'ail, écrasée
1 tranche de gingembre (2,5 cm), épluchée et hachée

2 oignons nouveaux, émincés
1 piment vert, épépiné et haché
Sel et poivre noir fraîchement moulu
2 feuilles de laurier
2 cuil. à soupe d'huile
500 g de tomates, pelées et hachées
Quartiers de citron vert pour décorer

Retirer la peau et les arêtes du saumon. Couper en cubes et mettre dans un plat creux. Fendre les cosses de cardamome, placer les graines noires dans un mortier et les écraser avec un pilon. Ajouter la coriandre, le zeste et le jus de citron vert, l'ail, le gingembre, le piment et les oignons nouveaux. Assaisonner et malaxer les morceaux de poisson dans ce mélange afin de bien les enrober.

Incorporer les feuilles de laurier. Couvrir et laisser mariner au moins 2 heures, selon le temps dont on dispose.

Faire chauffer l'huile puis ajouter le saumon et le jus de la marinade, cuire en tournant et en prenant soin de ne pas casser les morceaux de poisson. Ajouter les tomates et chauffer environ 1 minute.

Dresser le poisson sur un plat en le décorant de feuilles de laurier et de quartiers de citron vert.

SAUMON À L'INDIENNE

THON DORÉ AU CRESSON

■ Thon doré au cresson

Cette recette peut se préparer avec de l'espadon. Servir le poisson dans des nids de pâtes fraîches blanches ou vertes, décorer de branches de cresson et de tranches d'orange.

POUR 4 PERSONNES

4 oranges
500 g de steak de thon, coupé en cubes
6 cuil. à soupe d'huile d'olive
6 cuil. à soupe de vin blanc sec
4 cuil. à soupe de ciboulette, hachée

Sel et poivre noir fraîchement moulu
1 poivron jaune, épépiné et coupé en fines lamelles
4 courgettes jaunes, finement émincées
2 bottes de cresson, lavé et équeuté

Râper le zeste d'une orange; en presser le jus et verser sur le thon. Ajouter 5 cuillerées à soupe d'huile d'olive, le vin, la ciboulette. Saler, poivrer. Bien mélanger, couvrir et laisser mariner 4 à 6 heures.

Éplucher les 3 autres oranges et enlever la peau blanche. Au-dessus d'un bol, retirer la chair au couteau entre chaque membrane. Recueillir le jus et verser sur le thon.

Faire chauffer la dernière cuillerée d'huile d'olive. Égoutter les morceaux de thon en conservant la marinade. Dorer légèrement en tournant, retirer et mettre de côté. Faire revenir 1 minute le poivron et les courgettes, ajouter la marinade et porter à ébullition, pendant 1 minute. Remettre les morceaux de poisson et incorporer le cresson. Faire bouillir 30 à 60 secondes et retirer du feu. Mélanger délicatement les quartiers d'orange et servir immédiatement.

■ Gambas papillons

On trouve partout des gambas, fraîches ou congelées et déjà décortiquées. Évidemment, elles sont assez chères : j'ai donc été modeste dans les proportions. Mais vous pouvez les remplacer par de grosses crevettes roses agrémentées de quelques noix de coquilles Saint-Jacques.

POUR 4 PERSONNES

24 gambas décortiquées avec la queue
Farine
1 morceau de gingembre frais (5 cm), épluché et râpé
1 gousse d'ail, écrasée
1 piment vert, épépiné et finement haché (facultatif)
2 cuil. à café de sucre
2 cuil. à café de vinaigre de vin blanc
1/2 cuil. à café de concentré de tomates

1 cuil. à soupe sauce soja (tamari)
1 cuil. à soupe de sherry sec
1 pincée de cinq-épices
1 cuil. à café d'huile de sésame
6 cuil. à soupe d'huile d'arachide

GARNITURE DE LÉGUMES

6 oignons nouveaux, émincés
1/2 poivron rouge, épépiné et coupé en lamelles courtes
1/4 de concombre, pelé et coupé en lamelles courtes
Quartiers de citron pour servir

Préparer les crevettes : avec un couteau bien aiguisé, pratiquer une entaille sur le dos dans le sens de la longueur, puis appuyer pour les ouvrir. Les passer dans la farine.

Dans une jatte, mélanger le gingembre, l'ail, le piment, le sucre, le vinaigre, le concentré de tomates, la sauce soja, le sherry, le cinq-épices et l'huile de sésame. Mélanger soigneusement les crevettes à cette préparation pour qu'elles soient bien enrobées.

Faire chauffer l'huile d'arachide, saisir à feu vif les crevettes, jusqu'à ce qu'elles soient croquantes (compter quelques minutes). Retirer à l'aide d'une spatule et poser sur un plat.

Verser tous les légumes dans le wok et faire revenir en tournant 2 minutes. Dresser sur le plat avec les crevettes, ajouter les quartiers de citron et servir immédiatement.

■ Espadon au safran

N'importe quel poisson à chair blanche fera l'affaire (flétan, lotte, cabillaud). Pommes de terre nouvelles, épinards ou une simple salade constituent un accompagnement idéal.

POUR 4 PERSONNES	Sel et poivre noir fraîchement moulu
700 g de filet d'espadon, coupé en cubes	1 cuil. à café de safran
4 cuil. à soupe d'huile de tournesol	4 cuil. à soupe de farine
2 cuil. à soupe de jus de citron	2 poireaux, finement émincés
250 ml de vin blanc sec	2 carottes, coupées en allumettes
1 feuille de laurier	2 branches de céleri, finement émincées
1 branche de thym	250 ml de crème liquide

Placer dans un plat creux les morceaux de poisson. Dans un pot en verre muni d'un couvercle étanche, mettre la moitié de l'huile, le jus de citron, le vin, le laurier, le thym, le sel et le poivre. Secouer énergiquement pour émulsionner le mélange et verser sur le poisson. Couvrir et laisser mariner plusieurs heures.

Dissoudre complètement la poudre de safran dans 2 cuillerées à soupe d'eau bouillante et mettre de côté.

Égoutter le poisson, en conservant la marinade. Éponger les morceaux sur une feuille de papier absorbant et passer dans la farine. Chauffer le reste de l'huile et dorer les morceaux de poisson. Retirer du wok, placer sur un plat et maintenir au chaud. Rajouter un peu d'huile si besoin est, faire revenir 2 à 3 minutes à feu vif le poireau, les carottes et le céleri.

Dresser les légumes sur le plat à côté du poisson. Verser la marinade dans le wok et porter à ébullition, faire réduire de moitié puis baisser la température.

Incorporer la crème et le safran, chauffer doucement sans laisser bouillir. Napper le poisson de la sauce et servir immédiatement.

■ Coquilles Saint-Jacques aux courgettes

Ce plat est tout indiqué pour un déjeuner léger. Servir sur un lit de tagliatelles, de riz sauvage ou avec de la salade.

POUR 4 PERSONNES	6 petites courgettes, finement émincées
2 cuil. à soupe d'huile d'olive	4 branches d'estragon
2 cuil. à soupe d'oignon, finement haché	Sel et poivre
16 noix de coquilles Saint-Jacques, émincées	4 cuil. à soupe de crème liquide

Faire chauffer l'huile et dorer l'oignon 5 minutes à température modérée, puis revenir les coquilles Saint-Jacques 2 minutes. Ajouter les courgettes, les feuilles d'estragon, saler, poivrer et laisser mijoter 2 minutes. Ne pas trop cuire, car les Saint-Jacques durcissent.

Verser la crème, tourner quelques secondes, servir immédiatement.

SUGGESTION

On peut aussi accompagner de croûtons. Faire frire des demi-tranches de pain de mie coupées en triangle, dans un mélange beurre-huile d'olive. Éponger sur du papier absorbant et disposer les croûtons tout autour du plat.

ESPADON AU SAFRAN

CANARD AUX PRUNES ET AU PORTO

■ Canard aux prunes et au porto

Un plat de choix à servir accompagné de pâtes ou de riz.

POUR 4 PERSONNES
3 magrets de canard, pelés et
    coupés en lamelles
100 ml de porto
Zeste râpé et jus d'une orange
1 feuille de laurier
1 branche de persil
1 branche de thym
1 branche de romarin
3 cuil. à soupe de farine

Sel et poivre noir fraîchement
    moulu
2 cuil. à soupe d'huile
1 noix de beurre
250 g de prunes, dénoyautées
    et coupées en quartiers

GARNITURE
Rondelles d'oranges
Fines herbes

Placer les lamelles de canard dans un plat creux. Ajouter le porto, le zeste et le jus d'orange, toutes les herbes. Bien malaxer, couvrir et laisser mariner toute une nuit.

Égoutter les lamelles de canard en réservant la marinade, et les éponger sur un papier absorbant. Passer les lamelles dans la farine, saler, poivrer généreusement.

Faire chauffer l'huile et le beurre avec les herbes, puis dorer légèrement les lamelles de canard en tournant. Ajouter en pluie le reste de farine, incorporer la marinade et les prunes. Tourner jusqu'à ce que le jus épaississe. Réduire la température et laisser cuire 2 minutes. Goûter avant de servir et rectifier si besoin l'assaisonnement. On peut décorer de rondelles d'orange et de fines herbes.

■ Poulet flambé aux pêches

Les pêches séchées donnent à ce plat un parfum subtil. On peut l'accompagner de riz, de pâtes, ou simplement de pommes de terre bouillies. Si l'on désire faire un repas léger, on dresse le poulet sur un lit de salade.

POUR 4 PERSONNES
100 g de pêches séchées
1 cuil. à soupe d'huile
1 noix de beurre
2 branches de romarin
1 lamelle de zeste de citron
4 blancs de poulet,
    pelés et coupés en dés

Sel et poivre noir fraîchement
    moulu
4 cuil. à soupe de cognac

GARNITURE
1 pêche fraîche, dénoyautée
    et coupée en lamelles
Branches de romarin

Placer les pêches dans un bol et recouvrir d'eau froide. Couvrir et laisser tremper une nuit.

Égoutter les pêches en réservant le liquide, les couper en petits morceaux. Faire chauffer l'huile et le beurre. Laisser revenir le romarin et le zeste de citron 30 secondes avant d'ajouter le poulet pour que l'huile de cuisson se parfume. Assaisonner et cuire en tournant.

Incorporer les pêches et le jus de trempage, porter à ébullition et tourner jusqu'à ce que le liquide soit presque évaporé et que le poulet soit bien glacé. Dresser sur un plat en retirant le zeste de citron et le romarin. Garnir de pêche fraîche et de romarin.

Verser le cognac dans le wok encore chaud et le remuer. Arroser le poulet et flamber. Apporter le poulet flambé à table et servir dès que les flammes sont éteintes.

SUGGESTION
Pour empêcher les tranches de pêche de noircir, il suffit de les tremper dans du jus de citron et de les garder couvertes jusqu'au moment de servir.

■ Agneau glacé au miel

Le filet d'agneau est présenté sous formes de médaillons. Le subtil glaçage formé par le miel s'harmonise très bien avec une purée ou des pommes de terre nouvelles sautées.

POUR 4 PERSONNES

900 g de filet d'agneau, coupé en médaillons
4 branches de romarin
2 cuil. à soupe de miel liquide
250 ml de cidre brut
3 cuil. à soupe de farine

Sel et poivre noir fraîchement moulu
2 cuil. à soupe d'huile d'arachide
1 petit oignon, finement émincé
250 g de prunes rouges, dénoyautées et coupées en 2
Branches de romarin

Placer la viande dans un plat, le romarin, le miel et le cidre. Mélanger, couvrir et laisser mariner plusieurs heures ou toute une nuit.

Bien égoutter la viande en réservant la marinade. Fariner et assaisonner copieusement chaque médaillon.

Faire chauffer l'huile et revenir l'oignon 3 à 4 minutes. Saisir les médaillons sur les deux faces. Ajouter la marinade puis les prunes. Porter à ébullition et laisser bouillir à gros bouillons 2 minutes, afin de réduire le jus et de cuire les prunes. Remuer sans cesse pour éviter que la viande n'attache. Lorsque la viande et les prunes sont glacées, les disposer sur un plat. Décorer de quelques branches de romarin.

AGNEAU GLACÉ AU MIEL

■ Agneau à la menthe et aux lentilles

POUR 4 PERSONNES

250 g de lentilles vertes
500 g de viande d'agneau,
   coupée en dés
1 gousse d'ail (facultative)
2 cuil. à soupe de menthe fraîche,
   hachée
Sel et poivre noir fraîchement
   moulu

2 cuil. à soupe d'huile d'olive
1 oignon, émincé
250 g de champignons de Paris,
   émincés
1 filet de sauce Worcestershire
500 g de tomates, pelées et
   hachées
1 yaourt nature à la grecque
Feuilles de menthe

Cuire les lentilles dans de l'eau bouillante 30 à 35 minutes (veiller à ne pas les réduire en bouillie). Égoutter et mettre de côté.

Malaxer l'agneau avec l'ail (facultatif), la menthe et l'assaisonnement. Faire chauffer l'huile et revenir en tournant l'oignon 5 minutes avant d'ajouter l'agneau. Continuer à tourner pour cuire la viande à point. Ajouter les champignons, la sauce Worcestershire et cuire 5 minutes.

Incorporer successivement les lentilles et la tomate. Continuer à tourner 3 à 5 minutes pour les réchauffer. Vérifier l'assaisonnement, verser sur des assiettes en rajoutant par-dessus 1 cuillerée de yaourt. Décorer de brins de menthe et proposer le reste de yaourt séparément.

■ Agneau au gingembre

Ce plat m'a été inspiré par une recette trouvée dans un restaurant chinois. C'est simple, très parfumé et tout indiqué pour les amateurs de gingembre ! Il est préférable d'utiliser le gingembre frais que l'on trouve dans les magasins et supermarchés orientaux. Avertir ses convives qu'ils vont trouver des tranches de gingembre (s'il est jeune et tendre, il est parfaitement mangeable), car beaucoup de personnes n'en aiment pas le goût.

POUR 4 PERSONNES

500 g d'agneau, coupé
   en fines lamelles
1 morceau de gingembre (5 cm),
   épluché et coupé en lamelles
4 cuil. à soupe de sauce soja
   (tamari)
4 cuil. à soupe de sherry sec
1 cuil. à café de sucre
1 cuil. à soupe de jus de citron

1 cuil. à soupe de farine
250 ml de bouillon de volaille ou
   de pot-au-feu
3 cuil. à soupe d'huile
1 cuil. à café d'huile de sésame
1 gousse d'ail
1 botte d'oignons nouveaux,
   coupés en morceaux
   de 2,5 cm dans le sens de la
   longueur

Mettre dans un plat l'agneau et le gingembre. Mélanger la sauce soja, le sherry, le sucre, le jus de citron dans un bol et verser sur l'agneau. Couvrir et laisser mariner plusieurs heures.

Délayer la farine avec le bouillon pour obtenir une pâte lisse. Faire chauffer les 2 huiles, ajouter l'ail puis dorer le mélange agneau-gingembre. Incorporer les oignons en continuant à tourner 2 minutes.

Verser le jus de la marinade et le bouillon. Porter à ébullition, laisser mijoter 5 minutes, sans cesser de remuer. Goûter avant de servir, rajouter un peu de sauce soja si nécessaire.

AGNEAU AU GINGEMBRE

BŒUF À LA SAUCE À L'HUÎTRE

■ Bœuf à la sauce à l'huître

Si ce plat fait partie d'un menu chinois complet, on peut réduire les proportions de moitié. Tel quel, on le sert accompagné de riz ou de légumes.

POUR 4 PERSONNES

500 g de steak, coupé en lamelles
3 cuil. à soupe de sauce à l'huître
2 cuil. à soupe de sauce soja
1 gousse d'ail, écrasée
4 cuil. à soupe de sherry sec
4 champignons chinois séchés

4 cuil. à soupe d'huile
1 poivron vert, épépiné et coupé en dés
1 poivron rouge, épépiné et coupé en dés
1 oignon, coupé en dés

Placer la viande dans un plat. Mélanger la sauce à l'huître, la sauce soja, l'ail et le sherry. Verser ce mélange sur la viande et malaxer. Couvrir et laisser mariner de 2 à 4 heures. Mettre les champignons à tremper 20 minutes dans un bol dans d'eau chaude, placer une soucoupe par-dessus pour les maintenir immergés. Égoutter et conserver l'eau de trempage, enlever les pieds qui ont tendance à être durs et couper les têtes en fines lamelles.

Faire chauffer l'huile, puis revenir 3 minutes en remuant les poivrons et l'oignon. À l'aide d'une écumoire, enlever les lamelles de viande et les transférer dans le wok. Cuire à point sans cesser de remuer, ajouter les champignons.

Verser le jus de trempage des champignons sur la marinade, mélanger et mettre le tout dans le wok. Porter à ébullition et laisser bouillir quelques minutes pour que la viande s'imprègne bien de la sauce. Servir immédiatement.

■ Bœuf Stroganov

Ce classique parmi les classiques tient son nom du comte Stroganov. Les froids sibériens faisaient qu'on ne pouvait couper le bœuf, gelé, qu'en fines lamelles. Accompagné pommes de terre ou de riz et de salade verte, ce plat est un véritable régal.

POUR 4 PERSONNES

1 kg de bifteck tendre
Sel et poivre noir fraîchement moulu
1/2 cuil. à café de paprika
2 cuil. à soupe d'huile d'olive
1 grosse noix de beurre

1 oignon, émincé
250 g de champignons de Paris, émincés
4 cuil. à soupe de cognac
300 ml de crème liquide
Persil, haché

Placer la viande dans le freezer jusqu'à ce qu'elle soit glacée et très ferme. À l'aide d'un couteau bien aiguisé, couper la viande dans le sens opposé aux fibres en tranches les plus fines possibles, puis dans l'autre sens en lamelles. Assaisonner et saupoudrer de paprika.

Chauffer l'huile et le beurre, faire revenir l'oignon 5 minutes en tournant. Ajouter les champignons et rissoler 3 minutes. Repousser l'oignon et les champignons vers le bord, cuire à point les lamelles de bœuf à feu vif.

Asperger de cognac, mélanger la viande à l'oignon et aux champignons. Incorporer la crème et chauffer brièvement, sans faire bouillir. Saupoudrer abondamment de persil et servir immédiatement.

BŒUF STROGANOV

■ Gibier mariné et chou rouge

Pour cette recette, on prendra de préférence de la viande de cerf, chevreuil, daim ou sanglier. On pourra l'accompagner de blé noir (voir p. 32) avec beaucoup de persil, ou de pommes de terre au four.

POUR 4 PERSONNES
500 g de gibier, coupé en lamelles
250 ml de vin rouge
1 pincée de muscade
1 feuille de laurier
6 baies de genièvre, concassées
Sel et poivre noir fraîchement moulu

3 cuil. à soupe de farine
4 cuil. à soupe d'huile d'olive
1 gros oignon, finement émincé
500 g de chou rouge, coupé en lanières
3 cuil. à soupe de sucre roux
2 cuil. à soupe de vinaigre de cidre

Placer le gibier dans un plat, ajouter le vin, la muscade, le laurier, les baies de genièvre et assaisonner copieusement. Malaxer puis laisser mariner 24 heures.

Égoutter la viande, en conservant la marinade, éponger les morceaux sur du papier absorbant, fariner soigneusement.

Faire chauffer la moitié de l'huile et revenir l'oignon 5 minutes. Ajouter la viande et cuire 10 minutes sans cesser de tourner. Retirer la viande du wok à l'aide d'une écumoire.

Verser le reste de l'huile et faire rissoler le chou 5 à 7 minutes pour l'attendrir. Ajouter le sucre et le vinaigre, assaisonner et cuire 2 minutes. Remettre la viande, bien mélanger, incorporer la marinade. Porter à ébullition et laisser mijoter 5 minutes.

STEAK AUX ANCHOIS ET AUX OLIVES

■ Steak aux anchois et aux olives

Ce plat italien s'accompagnera d'un risotto ou de pâtes.

POUR 4 PERSONNES
700 g de steak, coupé en lamelles
1 gousse d'ail, écrasée
2 cuil. à soupe de concentré de tomates
250 ml de vin rouge
Sel et poivre noir fraîchement moulu
4 cuil. à soupe de farine
4 cuil. à soupe d'huile d'olive

1 oignon, finement émincé
1 poivron vert, épépiné et finement émincé
50 g de filets d'anchois, égouttés et hachés
100 g d'olives noires, dénoyautées et hachées
2 cuil. à soupe de persil, haché
1 poignée de feuilles de basilic, hachées

Placer la viande dans un plat. Mélanger l'ail, le concentré de tomates, le vin rouge, assaisonner et verser ce mélange sur la viande. Malaxer, couvrir et laisser mariner toute une nuit.

Égoutter la viande, en conservant la marinade, l'éponger sur un papier absorbant, la rouler dans la farine.

Chauffer 3 cuillerées à soupe d'huile d'olive, puis faire revenir 5 minutes en tournant l'oignon et le poivron. Ajouter la viande et cuire à point à température assez élevée. Verser la marinade et tourner jusqu'à ébullition. Laisser mijoter 5 minutes sans cesser de remuer. Goûter, rectifier éventuellement l'assaisonnement, dresser sur un plat.

Nettoyer le wok à l'aide d'un morceau de papier absorbant, puis chauffer le reste de l'huile d'olive. Ajouter les anchois, les olives, le persil et tourner 30 secondes. Incorporer le basilic et verser le tout sur la viande. Servir immédiatement.

DESSALER DES ANCHOIS

On peut tremper les anchois dans du lait pendant 5 minutes, puis les égoutter.

PORC AU PASTIS

■ Porc au pastis

N'importe quelle boisson anisée convient à la confection de cette recette (ouzo, raki, Pernod, etc.). Un riz ou du couscous adoucit l'arôme corsé de ce plat.

POUR 4 PERSONNES

700 g de porc maigre, coupé
  en dés
2 branches de sauge
2 branches de thym
10 ml de pastis (ou autre boisson
  anisée)
Sel et poivre noir moulu

2 cuil. à soupe d'huile d'olive
1 poireau, finement émincé
2 petites carottes, coupées en dés
250 g de champignons de Paris,
  émincés
250 ml de crème liquide
8 feuilles de laitue
Brins d'estragon

Placer le porc dans un plat avec la sauge et le thym, arroser de pastis. Assaisonner, mélanger et couvrir. Laisser mariner environ 2 heures.

Faire chauffer l'huile et revenir 5 minutes en tournant le poireau et les carottes. Ajouter la viande de porc, la sauge et le thym, réserver le jus de la marinade. Dorer le porc puis les champignons. Laisser revenir 2 à 3 minutes avant de verser le jus de la marinade.

Porter à ébullition, réduire la température et incorporer la crème. Chauffer 1 minute sans faire bouillir. Goûter et rectifier éventuellement l'assaisonnement.

Dresser dans un plat, sur les feuilles de salade. Saupoudrer d'estragon et servir immédiatement.

■ Nids de dinde

Pour la confection de ces nids, il est indispensable de disposer de deux fines passoires métalliques et d'un panier à frire. Vous pouvez aussi servir cette préparation dans une pomme de terre au four évidée, un vol-au-vent ou une crêpe.

POUR 4 PERSONNES

250 g de pâtes chinoises aux œufs
1 bain d'huile
100 g de fromage blanc
2 cuil. à soupe de persil, haché
1 cuil. à café de thym frais
1 cuil. à café de zeste de citron, râpé
2 cuil. à soupe d'huile d'olive

500 g d'escalope de dinde, coupée en lanières
1 poivron rouge, épépiné et coupé en lanières
Sel et poivre noir fraîchement moulu
100 g de haricots verts, blanchis
100 g de jambon cuit, coupé en lanières

Faire cuire les pâtes dans de l'eau bouillante. Rincer à l'eau froide et égoutter.

Graisser soigneusement deux passoires métalliques : l'une d'un diamètre supérieur d'environ 2,5 cm à celui de l'autre, la plus large devant mesurer 10 cm. Chauffer le bain d'huile. Tapisser de pâtes le fond de la plus grande passoire et presser avec la plus petite. Faire dorer dans le bain d'huile, puis égoutter sur une feuille de papier absorbant. Faire ainsi 8 nids. Les nids peuvent se préparer à l'avance et se réchauffer au four mais ils doivent rester croquants.

Mélanger le fromage blanc, le persil, le thym, le zeste de citron. Former 8 boulettes aplaties et les mettre au réfrigérateur.

Chauffer l'huile, laisser revenir en tournant la viande et le poivron. Assaisonner. Incorporer les haricots et cuire encore 3 minutes. Ajouter le jambon et réchauffer 1 minute.

Répartir ce mélange entre les 8 nids et poser par-dessus une boulette de fromage. Servir immédiatement.

SUGGESTION

100 g de pâtes crues permettent de faire 5 nids ; 250 g permettent donc largement d'en faire 8 et autorisent même quelques essais malheureux.

■ Tartelettes à la dinde et aux brocolis

Les tartelettes peuvent se préparer à l'avance et se réchauffer au dernier moment.

POUR 4 PERSONNES

250 g de farine
175 g de beurre
4 cuil. à soupe de confiture de myrtilles ou d'airelles
2 cuil. à soupe d'huile de tournesol
250 g d'escalope de dinde, coupée en fines lamelles

Sel et poivre noir fraîchement moulu
100 g de fleurs de brocoli, en petits morceaux
50 g de cerneaux de noix, hachés
2 oignons nouveaux, finement hachés
4 cuil. à soupe de crème fraîche
Persil, haché

Préchauffer le four à 200 °C. Mettre la farine dans une jatte et incorporer le beurre du bout des doigts, verser juste assez d'eau pour obtenir une pâte lisse. Étaler au rouleau sur une surface farinée et foncer 4 moules à tartelettes. Piquer les fonds à la fourchette et réfrigérer 30 minutes.

Placer un morceau de papier sulfurisé dans chaque tartelette, garnir de haricots secs ou de lentilles, précuire au four 20 minutes. Retirer les légumes secs, le papier, remettre au four 5 à 10 minutes. Étaler une cuillerée à café de confiture sur chaque tartelette.

Faire chauffer l'huile et dorer en tournant la viande de dinde, assaisonner. Ajouter les brocolis, les noix, les oignons nouveaux, continuer à cuire 3 à 5 minutes pour attendrir les brocolis.

Garnir les tartelettes et ajouter une cuillerée à soupe de crème par-dessus. Saupoudrer de persil.

■ Veau au vermouth

Ce plat de viande, très simple, peut s'accompagner de pâtes au beurre et d'une salade verte.

POUR 4 PERSONNES

4 escalopes de veau, coupées en lanières
3 cuil. à soupe de farine
Sel et poivre noir fraîchement moulu
2 cuil. à soupe d'huile
1 noix de beurre
100 g de lard maigre fumé, coupé en dés

1 petit oignon, finement émincé
250 ml de vermouth blanc
400 g de cœurs d'artichaut en boîte, égouttés
4 cuil. à soupe de crème fraîche
100 g de grains de raisin noir, coupés en deux et épépinés
GARNITURE
4 petites grappes de raisin
Fines herbes

Rouler le veau dans la farine et assaisonner. Chauffer l'huile et le beurre, faire revenir le lard fumé et l'oignon 5 minutes. Ajouter le veau à dorer quelques minutes.

Verser le vermouth et porter à ébullition, sans cesser de remuer. Ajouter les cœurs d'artichaut et laisser mijoter 3 minutes. Incorporer la crème et les grains de raisin. Dresser sur un plat ou directement sur les assiettes. Garnir éventuellement de raisins ou de fines herbes.

LÉGUMES

Les accompagnements préparés au wok donnent aux plats mijotés un regain de couleur, de texture et leur apportent une note rafraîchissante.

Pensez à ces recettes lorsque vous faites un barbecue ou un buffet, car elles présentent l'avantage de se préparer à la dernière minute, en un rien de temps.

On trouvera des recettes à base de riz, céréales ou légumes secs, que l'on peut présenter seuls, mais aussi des plats de légumes très légers, qui complètent les pâtes.

N'hésitez pas à utiliser les informations fournies dans les recettes pour improviser à votre tour des accompagnements simples : en variant d'une part les légumes, de l'autre les aromates ou les épices. Il faut simplement veiller à respecter le goût naturel des aliments afin d'obtenir le meilleur résultat possible.

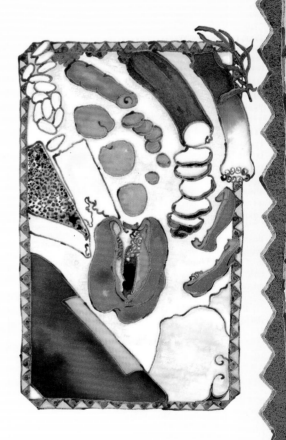

■ Panaché de légumes d'été

Ce mélange rafraîchissant de légumes, où domine la couleur jaune, transformera de simples pâtes à l'eau en un repas complet. Un poisson, une volaille ou une viande grillés prendront des allures de fête.

POUR 4 PERSONNES

250 g d'épis de maïs miniatures
3 cuil. à soupe d'huile d'olive
1 poivron jaune, épépiné et finement émincé
4 courgettes jaunes, finement émincées
1 petite gousse d'ail, pilée

6 tomates jaunes, coupées en fines lamelles
Sel et poivre noir fraîchement moulu
1 petit oignon, finement émincé
1 poignée de feuilles de basilic
1 petit zeste de citron, râpé
3 cuil. à soupe de persil, haché

Couvrir les épis de maïs d'eau et porter à ébullition. Laisser bouillir 2 minutes, égoutter et mettre de côté.

Faire chauffer l'huile et revenir en tournant le poivron et l'oignon 5 à 8 minutes. Ajouter le maïs et continuer à tourner 5 minutes, jusqu'à ce que le maïs et l'oignon soient cuits mais encore croquants.

Incorporer les courgettes et les tomates, continuer à frire 3 minutes, le temps d'attendrir les courgettes. Assaisonner - sel, poivre, basilic - et bien mélanger. Dresser les légumes sur un plat. Mélanger le zeste de citron, le persil et l'ail, saupoudrer ce mélange sur le plat et servir immédiatement.

■ Panaché de légumes d'hiver

Cette recette, savoureuse et à base de légumes à tubercules, accompagne très bien un mets aussi simple que des œufs au plat, du jambon au four ou une viande grillée.

POUR 4 PERSONNES

2 grosses pommes de terre, râpées avec une grille à gros trous
2 grosses carottes, râpées
1 panais, râpé

2 cuil. à soupe de farine
Sel et poivre
4 cuil. à soupe d'huile
1 gros oignon, haché
250 g de chou blanc, coupé en lanières

Rincer les pommes de terre à l'eau froide, égoutter et presser de façon à ce que les lanières se détachent bien. Mélanger les pommes de terre avec les carottes et le panais. Incorporer la farine, assaisonner copieusement et remuer à l'aide d'une fourchette.

Faire chauffer l'huile et revenir en tournant l'oignon 3 minutes. Ajouter les légumes râpés et cuire 15 minutes, en remuant régulièrement : alternativement, du milieu vers le bord, puis du bord vers le milieu, pour que les lanières de légumes restent bien détachées. Si on tourne les légumes selon un mouvement circulaire, ils ont tendance à brunir dessous et à s'agglomérer en une masse informe.

Ajouter le chou et cuire encore 5 à 7 minutes, sans cesser de remuer. Servir immédiatement.

PANACHÉ DE LÉGUMES D'HIVER

■ Riz aux épinards

POUR 4 PERSONNES
175 g de riz long grain, cuit
3 cuil. à soupe d'huile
3 cuil. à soupe de graines
   de cumin
1 cuil. à café de safran

Sel et poivre
1/2 oignon, haché
1 noix de beurre
250 g d'épinards frais, cuits,
   égouttés et coupés en lanières

Le riz doit être préparé au moment voulu et égoutté. S'il est préparé par la méthode dite d'absorption, le retirer du feu une fois cuit et laisser couvert.

Faire chauffer l'huile et revenir l'oignon avec le cumin 5 minutes. Ajouter le safran, le sel, le poivre et cuire encore 2 minutes avant d'incorporer le beurre. Laisser fondre le beurre. Cuire le riz 2 minutes en remuant pour lui permettre de bien s'enrober des autres ingrédients.

Creuser une fontaine au milieu du riz ou repousser vers un bord, pour ajouter les épinards. Les réchauffer en tournant 2 à 3 minutes, puis les mélanger au riz. Servir immédiatement.

■ Concombre au jambon

Encore une recette rapide qui accompagne très bien du riz, des pâtes ou une pomme de terre au four. C'est également délicieux avec du poulet ou de la dinde.

POUR 4 PERSONNES
1 concombre, épluché, coupé
   en 2 dans le sens de la
   longueur puis en tranches
Sel et poivre noir fraîchement
   moulu

250 g de jambon blanc, coupé
   en dés
3 oignons nouveaux, hachés
2 cuil. à café de paprika
2 cuil. à soupe d'huile
1 gousse d'ail, pilée

Les tranches de concombre doivent avoir une épaisseur d'environ 3 mm. Les mettre dans une passoire et saupoudrer de sel, laisser dégorger 15 minutes. Puis sécher sur une feuille de papier absorbant.

Mettre le jambon dans un plat creux avec les oignons nouveaux. Ajouter le paprika, le poivre noir et malaxer pour enrober le jambon des aromates.

Faire chauffer l'huile, puis revenir en tournant l'ail et le jambon 5 minutes. Ajouter le concombre et cuire encore 5 minutes, servir aussitôt.

RIZ AUX ÉPINARDS

POIREAUX À L'ORANGE

■ Poireaux à l'orange

J'aime beaucoup combiner l'orange, le poireau et les
épices, pour accompagner notamment des maquereaux,
du canard, des saucisses, du jambon, du porc en général,
par exemple grillés sur le barbecue. Si vous avez
l'impression que l'orange ne se marie pas très bien avec
votre plat, vous pouvez la remplacer par le zeste d'un
demi-citron.

POUR 4 PERSONNES

4 cuil. à soupe d'huile
2 cuil. à soupe de graines
de coriandre, pilées
Zeste râpé et jus d'une orange

1 pincée de poivre de la Jamaïque
500 g de poireaux, finement
coupés et détachés en
anneaux
Sel et poivre noir moulu

Faire chauffer l'huile et revenir la coriandre, le zeste
d'orange et le poivre, à température modérée 3 minutes.
Ajouter les poireaux et augmenter la températuren,
laisser revenir en remuant 8 minutes, jusqu'à ce qu'ils
soient tendres. Verser le jus d'orange et faire bouillir 2
minutes en tournant, pour que les poireaux soient bien
imbibés. Goûter, rectifier l'assaisonnement si nécessaire et
servir immédia~ment.

■ Céleri aux petits pois

POUR 6 PERSONNES

1 céleri rave, épluché et coupé
en fines lamelles
1/2 jus de citron
2 cuil. à soupe d'huile d'olive

1 petit poireau, finement émincé
250 g de petits pois surgelés
ou frais, blanchis
Noix de muscade, râpée
Sel et poivre noir moulu

Placer le céleri dans une jatte, couvrir d'eau et ajouter le
jus de citron pour l'empêcher de noircir.
Faire chauffer l'huile et revenir en tournant le poireau
3 minutes. Égoutter le céleri et ajouter au poireau. Laisser
revenir 5 minutes en remuant bien, puis avec les petits
pois, et cuire encore 5 minutes. Les petits pois et le céleri
doivent rester croquants. Saupoudrer de noix de muscade
râpée, assaisonner et servir.

RIZ AUX HARICOTS ROUGES

■ Riz aux haricots rouges

POUR 4 À 6 PERSONNES

2 cuil. à soupe d'huile
1 gros oignon, émincé
2 branches de céleri,
  finement émincées
1 gousse d'ail, écrasée
2 cuil. à soupe de graines
  de tournesol
2 cuil. à soupe de graines
  de sésame
2 x 400 g de haricots rouges
  en boîte, égouttés
2 cuil. à café d'origan
  (ou de marjolaine)
Sel et poivre noir fraîchement
  moulu
175 g de riz complet à grain
  long (ou riz blanc), cuit
4 cuil. à soupe de persil, haché

Faire chauffer l'huile et dorer en tournant l'oignon, le
céleri et l'ail 10 à 15 minutes. Ajouter les graines et cuire
encore 2 minutes, puis les haricots, l'origan, assaisonner
et laisser réchauffer 2 à 3 minutes.

Incorporer et remuer le riz quelques minutes, le temps
qu'il prenne le goût des autres ingrédients. Saupoudrer de
persil et servir bien chaud.

SUGGESTION

Cette recette est idéale pour accommoder un reste de
riz. Ne pas oublier que le riz doit rissoler quelques
minutes, pour être très chaud.

■ Haricots verts parfumés

Si l'on prend des haricots verts surgelés, il n'est pas
nécessaire de les blanchir. D'autre part, si vous ne trouvez
pas d'aneth frais, utilisez plutôt du persil, l'aneth séché
n'ayant pas beaucoup d'arôme.

POUR 4 PERSONNES

500 g de haricots verts
1 cuil. à soupe d'huile d'olive
1 cuil. à soupe d'huile de
  tournesol
1/2 oignon, finement haché
1 gros cornichon, coupé en dés
1 cuil. à soupe de câpres, hachées
Sel et poivre noir fraîchement
  moulu
2 œufs durs, hachés
2 cuil. à soupe d'aneth frais
  (ou de persil)

Plonger les haricots dans l'eau bouillante et les blanchir 2
à 3 minutes, puis égoutter. Chauffer les deux huiles et
faire revenir l'oignon et le cornichon 3 minutes.

Ajouter les haricots et les câpres. Assaisonner et
rissoler 3 minutes, pour que les haricots soient cuits mais
encore croquants. Dresser sur un plat ou directement sur
les assiettes, garnir d'œufs durs et d'aneth (ou de persil).
Servir immédiatement.

■ Épinards aux pommes et noix

POUR 4 PERSONNES
500 g d'épinards frais
3 cuil. à soupe d'huile d'olive
1/2 oignon, finement émincé
2 pommes, coupées en dés

75 g de cerneaux de noix, hachés
30 g de beurre
Sel et poivre noir fraîchement
   moulu

Placer les épinards lavés et encore ruisselants dans une casserole. Couvrir et cuire à feu vif 3 minutes, en secouant régulièrement la casserole. Bien égoutter, en éliminant tout le liquide des épinards.

   Faire chauffer l'huile, puis dorer l'oignon et les pommes. Ajouter les noix et laisser revenir 5 minutes, pour exhaler le parfum des noix. Dans le beurre fondu, incorporer les épinards. Faire revenir 3 minutes. Assaisonner et servir immédiatement.

■ Carottes au cumin

Si le cumin n'est pas votre épice préférée, vous pouvez lui substituer des graines de fenouil, elles s'accommodent très bien de la carotte et de l'orange.

POUR 4 à 6 PERSONNES
500 g de carottes, coupées en
   rondelles ou en allumettes
2 cuil. à soupe d'huile d'olive
1 oignon, finement émincé

1 cuil. à soupe de graines
   de cumin
1 noix de beurre
1 jus d'orange

Plonger les carottes dans de l'eau bouillante et faire bouillir 2 minutes, puis égoutter.

   Faire chauffer l'huile et dorer l'oignon avec les graines de cumin (ou de fenouil). Laisser fondre le beurre. Ajouter les carottes et faire revenir 3 minutes avant de verser le jus d'orange.

   Faire bouillir brièvement le jus d'orange, sans cesser de tourner, jusqu'à formation d'un caramel enrobant les carottes, qui doivent rester croquantes sans être dures. Servir aussitôt.

ÉPINARDS AUX POMMES ET NOIX

■ Chop suey

Cette recette sert de base à une multitude de plats, on peut par exemple, avant d'entamer la recette, faire revenir dans le wok du blanc de poulet, du bœuf ou du porc, toujours coupé en lanières. On peut aussi ajouter, en même temps que les germes de soja, des crevettes décortiquées. La combinaison des légumes peut être modifiée selon la saison ; mais n'oubliez pas qu'un chop suey sans germes de soja ne mérite plus cette appellation.

POUR 4 PERSONNES

2 cuil. à café de farine
2 cuil. à soupe de sauce soja (tamari)
1 cuil. à soupe de sherry sec
2 cuil. à soupe d'huile
1 cuil. à café d'huile de sésame

1 branche de céleri, coupée en fines lamelles
1 poivron vert, épépiné et coupé en fines lamelles
1/2 oignon, finement émincé
350 g de germes de soja

Mélanger la farine avec la sauce soja, le sherry et 2 cuillerées à soupe d'eau, mettre de côté.

Faire chauffer les deux huiles ensemble, puis revenir en tournant le céleri, le poivron et l'oignon, 5 minutes. Les légumes doivent rester croquants. Ajouter les germes de soja et cuire encore 1 minute. Incorporer le mélange à base de farine et porter à ébullition, sans cesser de remuer. Cuire 2 minutes et servir immédiatement.

POTIRON AUX POIREAUX

CHOP SUEY

■ Potiron aux poireaux

À mon avis, la friture au wok est le mode de cuisson qui convient le mieux au potiron et à la citrouille : les morceaux deviennent moelleux tout en restant entiers. Cette recette peut se transformer en un délicieux potage en faisant revenir avec les poireaux du lard maigre coupé en dés.

POUR 4 PERSONNES

2 cuil. à soupe d'huile
1 noix de beurre
1 gousse d'ail, pilée
2 poireaux, émincés
2 cuil. à café de cannelle en poudre

50 g de raisins de Smyrne
500 g de chair de potiron (ou de citrouille), coupée en dés
Sel et poivre noir fraîchement moulu

Faire chauffer l'huile et fondre le beurre, puis ajouter l'ail, le poireau, la cannelle et les raisins. Faire revenir 5 minutes en tournant. Ajouter le potiron (ou la citrouille), assaisonner. Continuer à cuire 7 à 10 minutes, les morceaux de potiron doivent être tendres mais pas réduits en purée. Servir très chaud.

■ Pudding aux fruits caramélisés

À la place des fruits utilisés pour cette recette, vous pourrez mettre des fruits de saison ou, selon votre budget, acheter des fruits exotiques comme la mangue, la papaye et les mélanger avec de la poire ou de l'ananas. On peut aussi faire rissoler quelques pommes jusqu'à ce qu'elles soient bien dorées et garnir de raisins secs arrosés d'un peu de rhum.

POUR 4 PERSONNES

600 ml de lait	1 cuil. à soupe d'huile de noix
2 œufs entiers	1 ananas, pelé et coupé en dés
2 jaunes d'œufs	4 cuil. à soupe de jus d'orange
3 cuil. à soupe de sucre	50 g de sucre roux
1 petite noix de beurre	4 oranges, pelées et coupées en tranches

Préchauffer le four à 170 °C. Préparer un grand plat à four en métal, assez profond et une bouilloire pleine d'eau bouillante. Graisser avec du beurre 4 moules à flan. Amener le lait presque à ébullition et le retirer vite du feu.

Battre les œufs entiers, les jaunes d'œufs et le sucre, les incorporer au lait chaud. Remplir de ce mélange les moules et les déposer dans le plat à four. Verser l'eau bouillante dans ce récipient, jusqu'à ce que les moules baignent aux deux tiers dans l'eau. Couvrir les moules d'un papier sulfurisé beurré et laisser cuire 40 minutes jusqu'à ce que les flans aient bien pris. Laisser refroidir toute une nuit.

Avant de préparer l'ananas, renverser les flans sur 4 assiettes à dessert. Faire chauffer le beurre, l'huile de noix et rissoler l'ananas 3 minutes en tournant. Ajouter le jus d'orange et le sucre roux. Cuire sans arrêter de tourner, jusqu'à ce que le sucre ait fondu et que le mélange frémisse. Laisser mijoter quelques minutes ; le sirop s'épaissit et caramélise un peu.

Retirer la poêle et ajouter les tranches d'orange. Bien remuer et répartir sur les flans. Servir immédiatement.

■ Pommes et abricots à la cannelle

POUR 4 PERSONNES

4 pommes, pelées, évidées, coupées en quartiers	1 cuil. à soupe de cannelle
Jus d'un demi-citron	1 petite noix de beurre
4 cuil. à soupe de sucre semoule	450 g d'abricots, coupés en deux et dénoyautés

Asperger les quartiers de pomme de jus de citron, mélanger le sucre et la cannelle et rouler les quartiers de pomme, jusqu'à ce qu'ils en soient bien recouverts.

Faire fondre le beurre et rissoler les pommes en tournant jusqu'à ce qu'elles soient un peu caramélisées. Ajouter les abricots et cuire 3 minutes environ, pour que les moitiés d'abricots soient bien chaudes et un peu molles. Répartir le mélange dans 4 assiettes à dessert et servir.

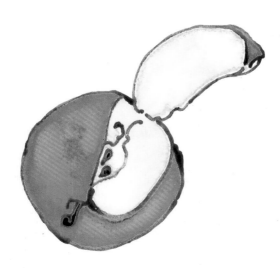

INDEX